안무부터 홍보까지 새내기 댄서가 알아야 할 모든 것

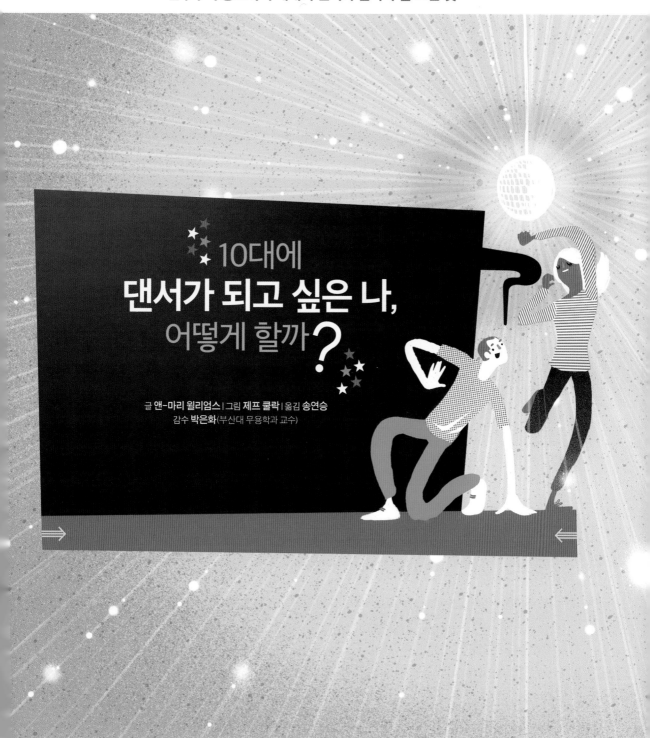

10대에
댄서가 되고 싶은 나,
어떻게 할까?

글 앤-마리 윌리엄스 | 그림 제프 쿨락 | 옮김 송연승

감수 박은화(부산대 무용학과 교수)

오유아이 Oui

L.S.에게 – A.M.W.

나의 누이 카라에게 – J.K.

Originally published as
Learn to speak dance : a guide to creating, performing & promoting your moves

Text © Anne-Marie Williams, 2011
Illustrations © Jeff Kulak, 2011
Korean translation copyright © 2017 Green Frog Publishing Co.
Korean edition published with permission from Owlkids Books Inc., Toronto Ontario CANADA through Orange Agency.
All rights reserved. No part of this publication may be reproduced, stored in a retrieval system, or transmitted in any form or
by any means, electronic, mechanical photocopying, soundrecording, or otherwise, without the prior written permission of
Green Frog Publishing Co.

지식은 모험이다 11

10대에 댄서가 되고 싶은 나, 어떻게 할까?

처음 펴낸 날 **2017년 4월 25일** | 세번째 펴낸 날 **2023년 1월 5일**

글 **앤-마리 윌리엄스** | 그림 **제프 쿨락** | 옮김 **송연승** | 감수 **박은화** | 펴낸이 **이은수** | 편집 **정헌경** | 북디자인 **투피피**
펴낸곳 **오유아이(초록개구리)** | 출판등록 **2015년 9월 24일(제300-2015-147호)**
주소 **서울시 종로구 비봉2길 32, 3동 101호** | 전화 **02-6385-9930** | 팩스 **0303-3443-9930**
인스타그램 **www.instagram.com/greenfrog_pub**

ISBN 979-11-5782-052-8 44680
ISBN 978-89-92161-61-9 (세트)

*이 도서의 국립중앙도서관 출판시도서목록(CIP)은 서지정보유통지원시스템 홈페이지(http://seoji.nl.go.kr)와
 국가자료공동목록시스템(http://www.nl.go.kr/kolisnet)에서 이용하실 수 있습니다. (CIP제어번호: CIP2017008616)
*오유아이는 초록개구리가 만든 또 하나의 출판 브랜드입니다.
 Oui는 프랑스어로 '예'라는 뜻입니다. 세상에 대한 긍정의 태도, 모험을 두려워하지 않는 도전 정신을 책에 담고자 합니다.

춤을 사랑하고
즐거움을 함께
나누고픈 이들에게

이 책이 건네는 첫마디는 "몸을 움직여 보자"입니다. 이 말은 댄서를 꿈꾸는 10대에게 멋진 꿈의 열쇠를 선물해 줍니다. 몸을 움직인다는 건 그 자체로, 살아 있음의 증거입니다. 움직이는 순간 느끼고, 반응하고, 표현하는 자신을 만나게 되지요.

춤은 삶을 향한 움직임에서 탄생했습니다. 그래서 춤은 생명력을 품고 있지요. 몸을 움직여 보면 이미 여러분이 춤추는 법을 알고 있으며, 훈련이 필요 없다는 걸 깨닫게 될 겁니다.

모든 일상적인 동작에서 자기만의 리듬을 발견하고, 그 속에서 감정을 만나며, 생각과 상상이 돋아나오고 또 다른 움직임으로 이어지는 게 춤이고 살아가는 것이라 하지요. 이런 과정의 순간들은 온몸에서 소리가 터져 나오게 하고, 우주의 기운은 신체 부분 하나하나를 눈부시게 빛나게 합니다.

춤이라는 표현 예술은 이렇게 시작됩니다. 몸이 '창조의 텃밭'이 되어, 여러분만의 춤을 추게 되는 겁니다. 생각만으로도 신나지 않나요? 자, 이제 여러분은 어떻게 춤을 시작할 건가요? 무엇이 여러분을 움직이게 하는지 생각해 본 적이 있나요?

이 책의 저자는 움직임의 시작인 호흡에서부터 신체의 각 부분을 감각적으로, 감정적으로, 인지적으로 탐색하게 합니다. 그리고 혼자서 또는 파트너랑 춤춰 보고, 그룹으로 놀고 실험하며 자기만의 춤을 찾아가게 합니다.

춤은 움직임을 느끼는 순수한 기쁨에서 시작되지만, 춤꾼이 되려면 자신의 전 인격을 드러내 보여 줘야 합니다. 누군가를 따라 하거나 단지 즐기는 데 그친다면 진정한 춤꾼이 될 수 없겠죠. 이 책이 제시하는 길을 따라가며 춤이라는 창조적 경험을 하길 바랍니다. 그리고 춤을 통해 행복해지고 삶이 풍성해지길 바랍니다.

박은화

10대에
댄서가
되고 싶은 나,
어떻게 할까?

몸을
움직여
보자!

뛰어난 춤꾼은 날쌘 동작으로 완벽하게
균형을 잡으면서 허공을 가른다.
그 모습은 마치 사람이 아닌 것 같다.

사람들이 "와!" 하고 탄성을 지르게 하는 건 뭘까?
무용수들도 우리와 똑같은 몸을 가진 사람인데, 어
떻게 그토록 멋진 동작이 나올 수 있느냐 말이다.
게다가 그들의 춤은 무척 쉬워 보이기까지 하니,
놀라울 수밖에!
그러나 춤의 세계는 딱딱한 학교나, 일반인이 감히
발 디딜 수 없는 곳에서 펼쳐지는 게 아니다. 바로
여러분과 내가 살고 있는 일상 속에 있다. 그렇다

면 어지러운 헤드스핀이나 능수능란한 셔플 댄스, 발레의 기막힌 피루엣 동작들은 어쩔 거냐고? 여러분에게도 그런 능력이 충분히 있다.

물론 시간을 들이지 않고 춤의 달인이 될 수는 없겠지만, 여러분이 못할 이유는 없다. 축구가 인기 있는 스포츠가 된 건 공 하나만 있으면 되기 때문이다. 춤으로 말하자면 여러분은 이미 필요한 요소를 다 갖춘 셈이다. 여러분의 몸이 있지 않은가! 춤의 바다에 발가락만 하나 살짝 담그고 싶든, 온몸으로 뛰어들 생각이든…….

함께 시작해 보자!

자칭 댄스 퀸, 저를 소개합니다!

나는 춤을 굉장히 좋아해요. 어릴 적부터 춤을 익히며 오랜 시간을 보냈어요. 다른 무엇보다도 춤이 재미있었죠. 우리 집 뒷마당에서 공연도 하고 댄스 발표회도 준비했어요. 결국 대학에서도 춤을 전공하기로 마음먹었어요. 열심히 연습하고 공부한 끝에 학위도 몇 개 받았어요. 춤을 만들어서 친구들과 함께 여러 행사와 페스티벌에서 공연도 했어요. 요즘에는 댄스 스쿨을 운영하고 있어요. 이제 내가 좋아하는 춤에 대한 모든 걸 가르쳐 줄 수 있어요. 바로 여러분에게요!

CHAPTER *1*

춤으로 표현되기까지

시험 직전, 조마조마한 마음으로 벼락치기를 하고 있다.
이때 선생님이 시험이 취소되었다고 알려 주신다면?
와! 긴장이 풀린 여러분은 자리를 박차고 나가 이리 뛰고 저리 뛸 것이다.
이렇게 좋을 수가!

생각할 겨를도 없었겠지만 여러분은 춤을 춘 것이다. 사실, 자신의 느낌을 몸으로 표현하는 즐거움이야말로 춤의 모든 것이다. 이때가 사람들이 그저 기분이 좋아서 몸을 움직이는 유일한 순간이다. 공을 차거나 결승선을 향해 달리는 등의 목적을 마음에 두지 않고서 말이다. 머릿속에 생각나는 게 뭐든, 그걸 춤으로 표현한다는 건 정말 멋진 일이다.

춤에 대해 이렇게 생각한다면, 여러분은 이미 춤출 줄 아는 것이다. 물론 텔레비전에 나오는 죽여주는 브레이크 댄스 동작은 못하지만 말이다. 춤이란 일상의 움직임과 여러분의 상상력을 으깨어

합쳐 놓은 것이다. 뮤지션은 피아노나 기타 치는 법을 배우겠지만, 댄서의 악기는 인간의 몸이다. 여러분이 할 일은 여러분의 악기인 몸 안에 있는 특별하고 독특한 예술적인 목소리를 터뜨리는 것뿐이다.

그러니 신나게 혼자만을 위한 댄스파티를 열어 보자. 방문을 닫고 제일 좋아하는 음악을 크게 틀고 내키는 대로 온몸을 흔들어 보는 거다. 어떻게 움직일까 너무 많이 생각하지 말고, 잘 추는지 못 추는지 스스로 평가하지도 말자. 틀릴 거 하나 없으니, 그냥 좋다고 느끼는 대로 해 보자.

다시 한 번 말하는데, 여러분은 댄서다.

우리는 왜 춤을 출까?

친구들과 함께 댄스파티에서 춤을 춘다면,
조금 쑥스럽겠지만 기분은 엄청 좋을
것이다. 그럴 만한 이유가 있다.
춤은 여러분의 뇌에게 '엔도르핀'이라는
화학 물질을 분비하라고 말하는데,

이 물질이 실제로 행복감을 높여 준다.
엔도르핀은 기분이 좋아지게 만드는
천연 성분 같은 것으로, 배꼽이 빠지도록
웃거나 초콜릿처럼 진짜 좋아하는
뭔가를 먹을 때 흘러나온다.

모두 함께 끌어안듯

기분이 좋을 때 우린 기쁨을 나누고 싶어 한다. 그래서 결혼식이나
생일 파티처럼 축하할 일이 있을 때 춤이 항상 빠지지 않는 것이다.
다 같이 춤추는 건 여럿이 함께 껴안는 것과 비슷하다. 우리가 서로
더 가깝게 느끼도록 해 주기 때문이다. 우리가 한 집단에 속해 있다
는 느낌을 강하게 받게 한다.

사람들을 이어 주는 것

춤은 사람들 사이에, 심지어 전혀 모르는 사람들 간에도 함께 한다는 느낌을 만들어 낸다. 콘서트 장에서 펄쩍펄쩍 뛰다 보면 순식간에 팬들 사이에 소속감이 생긴다. 또 각 나라의 오래된 민속춤을 보고 있으면 마치 그 나라에 연결된 듯한 느낌을 받는다. 춤은 사람들을 과거와 이어 주기도 한다. 민속춤을 추는 사람들은 많은 세대를 거쳐 내려온 동작을 보여 준다. 세계 어디에서든 사람들은 감사를 표하기 위해, 전쟁을 준비하기 위해, 사랑했던 사람을 떠나보내기 위해, 함께 모여서 춤을 춘다.

눈에 띄는 방법

춤은 우리를 하나로 묶어 주지만, 군중 속에서 눈에 띄는 방법이 될 수도 있다. 어떤 사람들은 개성을 표현하는 방법으로 자기만의 동작을 만들어 낸다. 여러분이 독특한 스타일을 파티에서 뽐내든, 무대에서 공연으로 보여 주든 간에, 춤은 여러분의 생각을 보여 주는 방법이 될 수 있다. 자기만의 스토리를 가지고 있는 작가처럼 말이다.

나만의 느낌을 발산해 보자

춤은 사람에 따라 다른 의미를 띨 수 있다. 백이면 백, 다를 수 있다. 그러나 자신을 표현하고 싶은 마음이 간절한 건 누구든 마찬가지다.

❝ 춤을 출 때면 나 자신의 일부를 공유하는 듯한 느낌이 듭니다. 자유롭고 행복해요. 나는 어떤 배역을 연기하기도 하고, 때로는 그저 음악을 해석하기도 합니다. 둘 중 어느 쪽이든 춤은 나를 다른 장소로 데려다줍니다. **❞**

— 헤더 오그든
캐나다 국립 발레단 수석 무용수

춤 속에는 무엇이 있을까?

춤을 쪼개 본다면, 모든 춤에는 네 부분으로
이루어진 마법의 공식이 자리하고 있다.

**몸 + 공간 + 힘 + 시간
= 춤**

이 네 가지 요소가 춤을 이룬다. 이 요소들을
모으는 방식이 춤을 독특하게 만들어 준다.

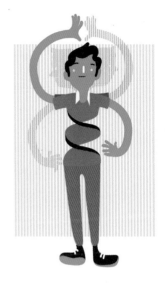

몸은 기본 뼈대

모든 댄스 동작은
우리 몸의 한 부분
에서 시작한다. 머
리일 수도 있고 팔
이나 다리일 수도
있다. 몸의 어떤
부분이든 여러분
은 그것으로 못할
게 없다. 쭉쭉 늘
리고 이리저리 흔들고 비비배배 꼬고 빙빙 휘두르
고 깡충 뛰어오르고, 무엇이든 다 할 수 있다.

춤을 통한 공간 탐험

이제 여러분은 공간 속에서 움직여야 한다. 우주
공간으로 날아가라는 말이 아니고, 여러분을 둘러
싼 공간과 그 공간 안에서 여러분이 춤출 때 만들
어지는 동선을 이야기하는 것이다. 여러분이 지나
간 곳에 발자국을 남길 수 있다면 어떤 무늬를 그
리고 싶은가? 쭉 뻗은 직선인가, 아니면 꼬불거리
는 곡선인가?

힘의 세기를 조절해 보자

이건 무용수에 국한된 이야기가 아니다. 우리도 평소에 의식하지는 않지만 항상 힘을 조절하게 마련이다. 예컨대 풀이 죽어 있으면 몸이 갑자기 무거워진 듯 구부정하게 서서 발을 질질 끌며 걷는다. 하지만 신나고 즐거우면 발걸음이 절로 가벼워지고 통통 튀어 오른다. 힘을 조절해 강약을 바꾸면, 똑같은 기본 움직임에 완전히 새로운 개성이 생길 수 있다.

박자를 더할 시간

음악이 비욘세의 경쾌한 팝송이든 베토벤의 웅장한 교향곡이든, 모든 춤은 박자에 맞춰 움직인다. 박자는 어떤 곡 안에서 지속적으로 유지되는 리듬으로, 여러분은 그에 맞춰 움직일 수 있다. 우리는 실제로 리듬에 반응한다. 빠른 리듬에 흥분되고 느린 리듬에 진정된다. 심지어 음악이 없다고 해도 여러분의 춤은 그 자체의 리

듬을 만든다. 여러분의 몸이 심장 박동과 호흡으로 자연적인 리듬을 만들어 내듯이 말이다.

차근차근 한 걸음씩

강약이 있는 동작

어떤 춤은 부드럽고 공기처럼 가벼운 반면, 어떤 춤은 강력한 펀치를 날린다. 춤은 자기 스타일을 명확히 나타내기 위해 무거움과 가벼움, 날카로움과 부드러움 같은 강약을 활용한다.

자바워키즈 Jabbawockeez
아메리카 베스트 댄스 크루 시즌 1 America's Best Dance Crew Season 1

이 춤꾼들은 특유의 힙합 스타일을 만들어 내기 위해 재빠르게 멈추는 동작을 많이 사용하여 날카로운 움직임과 부드러운 움직임을 뒤섞는다.

마리우스 프티파 Marius Petipa &
레프 이바노프 Lev Ivanov
발레 〈백조의 호수〉 중 어린 백조들의 춤

고전 발레를 추는 이 무용수들은 새털처럼 가볍게 날아다니는 듯한 움직임으로 유명하다. 그들이 신은 토슈즈는 마치 무게가 증발한 것 같은 환상을 준다.

하이 햇 Hi Hat
영화 〈하우 쉬 무브〉 How She Move

여기 나오는 춤은 발레와 완전 다르다. 이 스텝 댄서들은 절도 있고 묵직한 스텝으로 자기만의 리듬을 타며 움직인다.

멋진 동작 뒤에는

댄서들은 환상적인 공연을 펼친다. 뒤로 공중제비를 넘고, 도약하고, 중력을 거부하는 듯 몸을 비튼다. 와, 믿을 수가 없다. 어떻게 저럴 수 있을까?
그런데 여러분은 춤출 때 실제로 어떻게 움직이는가? 스타일은 달라도 모든 댄서는 춤의 기본 원칙을 제대로 배우기 위해 노력한다.

균형 잡기

어떤 날은 한 팔로 물구나무서기가 너무 잘돼서 영원히 그 자세로 있을 것만 같다. 다음 날에는 도저히 균형이 잡히지 않는다. 짜증이 나고 힘들겠지만, 기를 쓴다고 나아질 건 없다. 균형은 억지로 만드는 게 아니라 여유 있게 찾아가는 것이다. 댄서들은 균형을 잡는 것이 '땅에 자리를 잡은, 또는 중심이 된' 느낌이라고 한다. 그건 여러분을 지구에

서 밀어내는 힘과 지구를 향해 끌어당기는 힘이 평형을 이루는 사이에 여러분의 몸이 완벽하게 놓이는 느낌이다. 여러분이 짧은 순간이나마 중력과 절묘한 조화를 이루는 것처럼 말이다.

호흡하기

댄서에게 호흡은 폐에 산소를 공급하는 것 그 이상이다. 호흡은 여러분의 움직임에 생명을 불어넣는다. 불안하고 초조해지면 숨을 멈추는데, 그때 우리 움직임은 경직되고 생기 없어 보인다. 훌륭한 댄서는 파도처럼 오르내리는 호흡을, 자기의 움직임을 통해 확장시킬 줄 안다. 댄서가 호흡을 이해하느냐의 여부가 기술 좋은 댄서와 진짜 위대한 댄서 사이의 차이점을 만든다고 생각하는 사람들도 있다. 발레같이 느리고 우아한 춤을 볼 때 그런 사실을 실제로 확인할 수 있다. 움직임이 어떻게 커졌다가 줄어드는지 확인해 보자. 우리가 호흡할 때 허파가 커졌다 줄었다 하는 것처럼 말이다.

회전하기

브레이크 댄서의 헤드 스핀이든 발레리나의 피루엣이든, 빙글빙글 회전하는 모습은 진짜 인상적이다. 균형과 호흡이 미스터리 같다면, 회전은 명확한 물리적 운동이다. 동전을 세게 돌릴수록 더 빠르고 오래 도는 것과 같다. 댄서들은 더 큰 회전력을 얻기 위해 바닥을 밀어내고 체중을 던지는 연습을 한다. 충분히 속도를 붙였으면, 그 힘으로 회전할 수 있는 안정적인 자세를 찾아야 한다. 중력에 몸을 완전히 맡기는 건 정말 멋진 일이다.

도약하기

어떤 댄서들은 점프할 때 마치 세상에서 가장 높은 곳에 올라 가장 오래 머물다가 가장 천천히 내려오는 것 같다. 카메라 눈속임도 없고 숨겨 놓은 트램펄린도 없다. 댄서들은 오로지 오랜 시간에 걸쳐 전통적 방식의 연습을 계속했을 뿐이다. 중력을 거부하는 점프는 엄청나게 강한 근육에서 나온다. 그리고 바닥을 밀어내기 위한 플리에(무릎 굽히기) 법을 제대로 이해하는 데서 나온다. 이건 쉽게 되는 일이 아니다. 꾸준한 연습만이 새로운 높이에 도달하도록 도와준다.

음악과 움직임

한마디로, 음악에 맞춰 춤추는 건 여러분이 듣고 있는 걸 몸으로 표현하는 것이다. 그런데 우리는 그렇게 하는 법을 어떻게 알까?

노래에 맞춰 춤추는 이유는 무엇일까? 연구 결과 사람들은 원래 그렇게 하도록 되어 있다고 밝혀졌다. 그건 매우 본능적이라서, 심지어 아기들도 춤을 춘다. 자신이 뭘 하고 있는지 모르는 때부터 말이다. 뇌를 연구하는 많은 과학자들은 우리가 왜 이런 식으로 음악에 반응하는지 정확하게 알아내려고 애쓰고 있다. 그 이유는 여전히 미스터리지만 우리의 반응을 일으키는 중요한 몇 가지가 있다. 확인해 보자.

우리 안의 리듬

무엇보다도 우리는 노래의 리듬에 반응한다. 훈련은 필요 없다. 자연스럽게 우리는 노래의 빠르기에 맞춰 속도를 내거나 늦춘다. 게다가 더 강하게 몸을 움직임으로써 리듬 안에서 박자가 센 부분이나 악센트를 강조하기도 한다.

100% 자연스러움

심장 박동과 호흡은 여러분의 생애 속에 끊이지 않는 두 가지 리듬을 만들어 낸다. 두 리듬을 통해 여러분은 다양한 리듬을 이해하고 해석한다. 그래서 바다의 파도 소리를 들으면 진정되는 것이다. 파도 소리의 속도가 여러분이 잠잘 때의 호흡에 가깝기 때문이다.

방식이다. 그러니 댄서들이 박자를 놓치지 않고 음악적인 다이내믹스를 해석하는 건 당연하다. 대개 큰 소리는 더욱 크고 뚜렷한 동작으로, 작은 소리는 더욱 부드럽고 온화한 움직임으로 옮긴다.

마음을 움직이는 멜로디

노래는 어떻게 사람들을 울릴까? (물론 끄떡없는 사람도 있지만!) 노래 한 곡의 멜로디는 뇌에 메시지를 전달하여 감정을 자극하고 움직임에 영향을 준다. 이건 자동적이다. 생기 넘치는 노래를 틀면 자연스럽게 깡충깡충 뛰어다니고 싶어진다. 공포영화 음악을 들으면 설설 길 수밖에 없다. 댄서들은 공연할 때 과장된 표현을 통해 이런 감정적 반응들을 이용한다. 이런 걸 잘하는 댄서야말로 '감성이 충만하다'는 찬사를 듣게 된다.

볼륨 조절

뮤지션들은 큰 소리와 작은 소리 사이를 오가는 다이내믹스를 사용한다. 댄서들이 강한 움직임과 부드러운 움직임 사이에서 힘을 조절하는 것과 같은

차근차근 한 걸음씩

음악적인 움직임

이 동작들은 음악 속의 다양한 소리가 몸을 통해 춤으로 표현된 것이다.

다프트 펑크 Daft Punk
앨범 '어라운드 더 월드 Around the World'
안무: 미셸 공드리 Michel Gondry & 블랑카 리 Blanca Li

별난 옷을 입은 댄서 그룹들이 노래 속의 다양한 악기를 각각 표현한다. 시각적 효과가 정말 멋지다.

이고르 스트라빈스키 Igor Stravinsky
발레 〈봄의 제전〉에서
안무: 바슬라프 니진스키 Vaslav Nijinsky

그 시절에는 이렇게 정신 나간 리듬에 쿵쾅대는 움직임이 처음이었다. 의견을 달리하는 관객들이 입씨름을 벌이면서 공연장은 아수라장이 되었다.

니콜라스 브라더스 Nicholas Brothers
영화 〈스토미 웨더 Stormy Weather〉에서
안무: 니콜라스 브라더스 Nicholas Brothers

이 리듬 천재들이 어떻게 음악을 가지고 노는지 보라. 때로는 음악에 자기들의 탭 댄스(93쪽 참고) 소리를 완벽하게 짝지우고, 때로는 동작 흉내 내기 게임처럼 침묵으로 가득 채운다.

진화해 온 댄스, 댄스

춤의 스타일을 만드는 건 무엇일까?
춤의 스타일은 패션이나 은어 같은
것이다. 여러분은 아마 친구들과 비슷한
옷을 입고, 부모님을 어리둥절하게
만드는 여러분 또래의 은어도 사용할
것이다. 이런 공통된 요소들이 여러분
그룹의 스타일이 되고, 여러분이
누구인지를 세상에 표현해 준다.
춤에서도 이런 일이 일어난다. 새로운
패션 흐름처럼, 많은 사람이 같은
동작들을 좋아할 때 하나의 춤 스타일이
탄생한다.

스타일에 얽매일 것 없다

지금은 힙합 비트에 맞춰 춤추길 좋아하는 사람도,
어릴 적에는 고전 무용을 재미있게 배웠을지 모른
다. 춤 스타일을 하나만 고를 필요는 없다. 춤은 스
타일을 혼합하면서 계속 성장한다. 사실 우리가 좋
아하는 춤은 대부분 여러 춤이 섞인 퓨전이다. 재
즈 댄스는 발레와 아프리카
춤이 만나면서 시작되었다. 그
리고 시간이 지나면서 현대 무
용, 브레이크 댄스, 아크로바
틱에서 동작을 뽑아 왔다.

변화하는 춤

리듬을 타며 춤출 때마다 여러분은 춤이 진화하는 과정의 일부가 된다. 멋지다고 여겨지는 동작을 선택함으로써, 여러분은 하나의 춤 스타일이 어떻게 성장하고 변화해야 하는지에 관해 자신의 의견을 말하고 있는 것이다. 서서히 한 사람 한 사람을 거치면서 춤의 스타일이 진화하며, 때로는 세계 곳곳에서 다른 방식으로 변화가 이루어진다. 브레이크 댄스만 해도 그렇다. 오늘날 나라마다 독특한 브레이크 댄스를 선보이는 국제 경연 대회를 열고 있다.

바꿔 버려!

때로 춤은 단순한 즐거움과 재미 그 이상이다. 춤은 항의의 방식도 될 수 있고, 마음에 들지 않는 것에 도전하는 방법도 된다. 1950년대에는 트위스트를 추는 10대에 관한 로큰롤 영화가 만들어졌다. 여러분이 보기에 꽤나 시시하게 보일 테지만, 당시 젊은이들이 상체와 하체를 좌우로 비틀면서 추던 트위스트는 그들 부모 세대의 볼룸 댄스에 비하면 완전히 제멋대로였다. 그건 10대들이 "난 모든 걸 내 식대로 할 거야."라고 말하는 방식이었다. 그러니 마음껏 즐기면 된다!

여러 스타일을 섞어 보자

안무가 노바의 춤 스타일은 현대적인 스텝에 '바라타나티암'이라는 인도 전통 스타일을 혼합한 것이다.

❝ 나는 여러 스타일을 섞는 것에 개의치 않고 나 자신에게 진실해지고자 합니다. 나는 캐나다에서 바라타나티암을 배웠어요. 토론토에서는 다양한 예술적 훈련을 받았죠. 내 춤은 바라타나티암 스타일로 현대적인 집을 짓는 거라고 할 수 있어요. ❞

— 노바 바타차르야
안무가

CHAPTER 2

자신 있게 시작하자

자기 내면의 댄서를 자유롭게 풀어 주고 떠오르는 대로 움직이는 건 참 멋지다.
정기적으로 긴장을 풀고 마음껏 춤추는 것도 좋은 방법이다.
그런데 그건 특정한 스텝과 포즈가 있는 춤을 익히는 것과는 매우 다르다.

그렇다. 춤추는 건 자연스러울지 몰라도, 모든 스타일에는 움직이는 방법에 대한 규칙이 있다. 그 규칙을 완전히 익히려면 시간이 필요하다. 훌륭한 댄서가 되는 데 많은 연습이 필요한 이유다. 다행히 춤은 활기차고 흥분되고 엄청 재미있기까지 하다. 새로운 동작을 배우는 게 힘들기보다는 좋은 시간으로 느껴질 수 있다.

댄스의 세계에 참여하는 방법은 많다. 방에서 혼자 몸을 흔드는 것부터 댄스 동아리에 들기, 수업 듣기, 비보이나 비걸 그룹에 합류하기까지 뭐든 가능하다. 제대로 방향을 잡고 첫걸음을 내딛으려면, 우선 마음을 편히 가져야 한다.

여러분의 걸음은 어디로 향하는가? 사람마다 다르지만, 이렇게 생각해 보자. 굉장히 뛰어난 댄서들도 춤을 시작할 때는 여러분과 비슷했다. 넘어지고 비틀거리며 기본 동작을 연습했다. 그들은 조금씩 조금씩 나아지기 시작했고, 마침내 어느 날 환상적인 동작들을 식은 죽 먹기처럼 해낼 수 있었을 것이다.

자, 이제 춤을 배워 보고 싶은가? 한 발만 앞으로 내딛고 나를 따라오면 된다.

춤에 빠져든 사람들은 대부분 자기 집 거실처럼 개인적인 장소에서 시작한다. 사실 댄스 수업이나 그룹에 뛰어들려면 배짱이 두둑해야 한다. 먼저 혼자서 자신만의 리듬과 느낌을 찾고 싶어 하는 건 매우 당연하다.

보면서 따라 하기

춤 동영상을 보면서 따라 하기는 누구나 하는 학습 방법이다. 비디오가 발명된 뒤로 어느 곳에서든 이 방법을 쓰고 있다. 아마추어 같다고 말할 필요도 없다. 동영상을 보면서 따라 하면 동작을 빨리 익히고 흉내 낼 수 있게 된다. 프로 댄서들도 오디션을 보거나 진도가 빠른 수업에 뒤처지지 않기 위해 쓰는 중요한 기술이다. 처음에는 느리게 시작하고 작은 단위로 춤을 나눠야 한다. 동작 몇 개를 따라 하고 스톱 버튼을 누르고, 완전히 몸에 밸 때까지 되새기고 반복해야 한다. 그렇게 조금씩 하다 보면 춤 전체를 다 익히게 된다.

거울에 비춰 보기

자기의 움직임을 보는 것도 춤 공부에 포함된다. 그래서 댄스 교습소에 가면 커다란 거울이 있는 것이다. 일단 몇 가지 동작을 갈고 닦았다면, 거울 앞에서 그 동작들을 해 보자. 카메라로 촬영하면 더 좋다. 여

러분의 동작이 동영상에서 본 것과 맞지 않는 부분이 있음을 깨닫게 될 거다. 지금보다 팔을 더 절도 있게 움직이거나 무릎을 더 굽히면 훨씬 멋있어 보일 것이다. 자기 모습이 서툴러 보여도 지나치게 엄격히 굴 건 없다. 배우는 데는 시간이 걸리게 마련이니까.

스텝의 이름을 확인하자

이제 팝 가수 리한나의 뮤직비디오에 나오는 춤을 마스터했는가? 좋다! 여러분이 배운 동작 하나하나에는 이름이 있고, 그 동작을 잘하는 방법에 관한 규칙도 있다.

브레이크 댄스든 발레든 각각의 춤에는 기본 포지션, 스텝, 움직이는 방식 등으로 구성된 고유의 테크닉이 있다. 이런 요소들은 마치 춤을 만드는 조립 블록 같다. 좋아하는 스타일을 더 깊이 탐구해 보고 싶다면, 인터넷이나 동네 도서관을 뒤져 보면 된다. 참고할 만한 동영상이 엄청 많다.

틀을 깨는 데는 의지가 필요하다

많은 댄서들이 독학으로 춤을 익혔다. 여러분에게 진정 필요한 건 바로 '의지'다.

> 66 나에게는 춤을 가르쳐 주는 선생님이나 멘토가 없었지만, 친구들과 가족이 아낌없이 응원해 주었습니다. 나는 우리 모두가 잠재적인 댄서라고 생각합니다. 그러니 느낌이 올 때마다 음악을 틀고 몸을 맡겨 보세요. 99

— 루카 '레이지레그즈' 파투엘리
장애인 비보이, 일마틱 스타일 · 일어빌리티즈 소속 크루

파트너와
함께 춤을!

댄스 파트너들이 바닥을 미끄러지듯
가로지르며 가뿐하게 조화를 이루는
모습은 무척 인상적이다. 그런데 막상
해 보면, 파트너와 동작을 맞추기는
고사하고 자신의 스텝을 풀어 가기도
힘들다. 파트너와 함께 춤추는 건
두 사람이 언어 대신 터치와 움직임을
통해 대화하는 것과 비슷하다. 파트너를
잘 알고 신뢰할수록 여러분의 동작도
유연해질 것이다.

한 사람은 춤을 이끌어야 한다

파트너와 함께 추는 춤에는 볼룸 댄스, 살사, 스윙
을 비롯해 여러 가지가 있다. 기본 스텝이 있더라
도 파트너는 순서와 방향을 즉흥적으로 정하기도
한다. 이렇게 하기 위해서, 한 사람은 춤을 이끌며
결정을 내리고 다른 한 사람은 무엇이든 따라야 한
다. 무엇보다 춤추는 순간순간에 집중해야 한다.
여러분이 주춤거리면 파트너의 속도가 느려지고,
혼자 앞질러 가면 파트너가 무슨 동작을 하고자 했
는지 제대로 짐작할 수 없다.

환상적인 2인조, 듀엣

두 사람이 짝을 이뤄 무대에 오르는 걸 '듀엣'이라
고 한다. (발레에서는 파드되pas de deux라고 한다.) 듀
엣은 모든 스텝을 미리 꼼꼼히 연습하기 때문에 한

사람이 춤을 이끌 필요가 없다. 그들은 연습하면서 몸을 젖히는 포즈가 얼마나 어려운지, 도약에 들어갈 때 얼마나 많은 힘이 필요한지 등의 문제를 다 해결한다. 공연하다가 어긋나는 부분이 생기면 두 사람은 곧바로 조정할 수 있다. 어떤 파트너들은 관객이 모르게 비밀스러운 몸 신호로 대화하기도 한다. 예컨대 두 손을 꽉 맞잡으면 "마지막에 큰 리프트lift 동작을 할 거야."를 의미하는 식이다.

대형을 바꿔 보자

대형이 뒤섞이고 파트너가 계속 바뀌는 춤도 있다. 스퀘어 댄스는 미국의 민속춤인데, 오늘날 젊은이들 사이에서 남에게 보여 주기보다는 자신만의 색

깔을 드러내기 위한 언더그라운드 예술로 다시 살아나고 있다. 스퀘어 댄스에서는 네 쌍의 남녀가 파트너를 바꾸고 서로 엇갈리면서 춤을 춘다. 함께 춤추는 재미는 예전이나 지금이나 마찬가지이다.

차근차근 한 걸음씩

둘이서 함께!

다음은 파트너와의 완벽한 호흡, 환상적인 발놀림으로 유명한 춤이다.

스윙 키즈 Swing Kids
영화 〈스윙 키즈 Swing Kids〉에서
안무: 오티스 살리드 Otis Sallid

스윙 댄스는 라이브 재즈 음악에 맞춰 한 사람의 파트너와 자유롭게 추는 춤이다. 스윙 댄서들은 볼룸 댄스의 엄격한 규칙에 반기를 들고, 이 영화에서처럼 자기만의 스텝과 개성을 댄스에 섞어 놓았다.

댄싱 칙 투 칙 Dancing Cheek to Cheek
영화 〈톱 햇 Top Hat〉에서
안무: 허미스 팬 Hermes Pan

영화에 출연한 배우 프레드 애스테어와 진저 로저스는 전 시대를 통틀어 호흡이 가장 잘 맞는 댄스 파트너로 기억될 것이다. 그들은 완벽한 일치를 이루며 미끄러지듯 춤을 구사해 냈다.

탱고Tango
영화 〈테이크 더 리드 Take The Lead〉에서

템포는 느리지만, 이만큼 세련되고 열정적으로 보이려면 파트너와 100%로 호흡을 맞춰야 한다.

춤출 때 드러나는 신체의 특징

머리

춤을 출 때 머리는 별로 신경 쓰지 않게 마련이다. 그래서 춤을 처음 배우는 사람들은 종종 시선을 바닥에 고정하게 된다. 얼굴은 몸에서 표현이 가장 풍부한 부분이다. 그러니 얼굴 표정을 조금 과장하여 동작의 분위기를 강조해 보자. 행복하게, 강렬하게, 또는 우스꽝스럽게.

가슴

춤의 세계는 가슴을 중심으로 나뉘기도 한다. 볼룸 댄스나 아이리시 스텝 댄스 같은 춤에서는 가슴을 고정하고 균형을 이루며 똑바로 세워야 한다. 그러나 가슴을 과감하고 크게 움직이는 춤도 있다. 아프리카 춤을 추는 사람이나 비보이가 가슴을 빠르고 격렬하게 움직이듯이 말이다.

팔

팔은 보통 몸의 중심부에서 시작한 동작을 확장해 준다. 팔을 우아하게 흔들든 공격적으로 휘두르든, 팔에 많은 에너지를 담아서 충분히 뻗을 수 있는 비결이 있다. 바로 여러분의 가슴으로부터 손가락 끝을 통해 퍼져 나가는 광선을 상상하는 것이다.

춤마다 고유의 규칙이 있고, 모든 동작에는 목적이 있다.
춤을 출 때 우리 몸의 각 부분이 어떤 일을 할 수 있는지
간단히 살펴보자.

엉덩이

살사나 벨리 댄스 같은 춤은 엉덩이가
모든 움직임의 중심이다. 엉덩이로
리듬을 타면서 춤을 추면 몸 전체를
통해 물결처럼 번져 가는 움직임이
만들어진다.

무릎

무릎은 춤에서 아주 중요하다.
'플리에plié'라는 말은 구부린다는
뜻이다. 무릎 굽히기는 완벽을
추구해야 하는 동작이다. 스프링보드
같은 역할을 하기 때문이다. 즉 무릎은
도약에 필요한 힘과 탄력을 공급하며,
착지할 때 부드럽고 훌륭한 쿠션이
되어 준다.

발

탭 댄스나 스텝 댄스 같은 춤은
환상적인 발놀림이 전부다. 댄서들은
발의 잔 근육을 빠르고 확실하게
움직일 수 있도록 연습한다. 발의
잔 근육은 탭 댄스에서 어려운 포즈를
잡을 때 균형을 유지하도록 도와준다.
단련된 근육이 땅속으로 뿌리 내리듯
몸을 지탱해 주는 것이다.

교습을 받거나 댄스 그룹을 만들거나, 다른 사람들과 팀을 이루는 건 댄서로서 성장할 수 있는 가장 좋은 방법이다. 똑같이 움직이는 댄서 그룹에 속해 있으면 정말 스릴 있을 뿐 아니라 춤도 빨리 배울 수 있다.

댄서로 성장하려면

수업에 들어가기

배우는 걸 좋아한다면 댄스 수업에 들어가는 게 제일 확실한 방법이다. 댄스 교습소 중 마음에 드는 선생님이 있는 곳을 찾아보자. 좋은 선생님은 영감을 불러일으키고 새로운 스텝을 보여 주는 것은 물론, 여러분에게 감춰진 자신감과 능력을 발견하도록 도와줄 것이다. 이곳저곳 무료로 맛보기 수업을 들어 보고 마땅한 곳을 선택할 수 있다. 만일 용돈이 빠듯하다면, 수업료를 내는 대신 자원봉사 활동으로 수강할 수 있는 곳을 찾아볼 수도 있다.

동네에서

틀에 박힌 수업이 맞지 않는다면 눈을 크게 뜨고 더 편안한 방식을 찾아보자. 교내 댄스 동아리도 있을 테고, 여러분이 존경해 마지않는 비보이나 비걸 크루가 이웃에 살 수도 있다. 동네 전통춤 모임에 가입해서 과거의

문화를 접해 보는 건 어떨까? 주변을 둘러보면, 여럿이 함께 춤추며 배울 수 있는 장소가 많다는 걸 새삼 깨닫게 될 것이다.

댄스 그룹 만들기

비보이나 비걸은 '크루crew'라고 부르고, 현대 무용을 하는 사람들은 '컴퍼니company'나 '콜렉티브collective'라고 부른다. 여러분과 친구들이 뭐라고 부르든 의미는 같다. 여러분의 댄스 그룹 말이다. 자기 그룹을 만든다는 건, 직접 뭔가 해 볼 수 있고 친구들과 어울리며 춤에 대한 자기 나름의 비전을 세울 수 있는 기회가 된다. 그리고 여러분이 직접 그룹을 이끌기 때문에 아무래도 주위의 압력을 덜 받는다. 자신의 속도에 맞춰 발전해가면 된다.

좋은 선생님과의 운명적 만남

흔히 일어나는 일은 아니지만, 언젠가 여러분을 완전히 감동시키는 선생님을 만날지도 모른다. 그 선생님은 여러분이 결코 알지 못했던 잠재력을 일깨워 줄 것이다.

66나는 항상 배우가 되고 싶었어요. 파트리샤 비티* 선생님이 이끄는 동작 수업을 받기 전까지는요. 선생님은 검은 표범부터 피어나는 꽃, 용수철까지 모든 동작을 표현해 냈어요. 그 모습을 본 순간 나는 댄서가 되어야겠구나, 깨달았습니다.**99**

— 페기 베이커
페기 베이커 댄스 프로젝트, 현대 무용가, 안무가

*파트리샤 비티 : 캐나다의 안무가, 무용가. 캐나다 현대 무용에서 독창적인 인물로 평가받고 있다.

시작해 보는 거야

댄스 그룹은 일시적으로 조직될 수도 있고 여러 해 동안 지속될 수도 있다. 얼마나 오래가든, 시작은 보잘것없어도 위대한 그룹으로 성장할 수 있다. 또한 여러분의 동작이 탄탄해지는 동안 그룹 친구들과의 우정도 깊어질 것이다.

숫자가 주는 힘

춤을 만들 때 혼자보다는 머릿수가 많은 쪽이 낫다. 여러분 혼자서는 꿈도 꾸지 못했던 멋진 동작이 나와서 놀랄 것이다. 흥분과 즐거움은 그룹을 키우는 원동력이 되며, 여러분이 자신감을 얻도록, 그리고 더 큰 공연을 맡도록 도와준다.

같이 할 사람?

함께 할 댄서를 찾는다면 처음 시작할 때는 재능보다 열정을 높이 사야 한다. 함께 하는 댄서들도 자기들의 춤 실력이 발전하는 모습에 여러분과 똑같이 열광해야 한다. 안 그러면 곧 따분해할 테고, 몇 주 지나면 하나둘 빠져나가고 말 테니까.

춤출 공간

어떤 그룹이든 연습 공간이 필요하다. 누군가의 집 지하실이나 거실에서 시작해도 된다. 그럴 만한 곳이 없다면, 학교 체육관이나 강당의 무대를 사용할 수 있는지 알아보자. 마지막으로(이 또한 중요하다) 돈을 내고 동네 문화센터, 교회, 댄스 교습소 등을 빌릴 수 있다. 청소년이나 학생들에게 대여료를 할인해 주는지 확인해 보자.

팀워크가 우선이다

함께 춤추며 서로 최선의 것을 이끌어 내는 방법을 알아낸다면, 좋은 시간과 훌륭한 동작은 저절로 따라올 것이다.

66 우리는 하나의 크루로서 팀워크와 친근감을 발전시키는 데 1년 정도 걸렸습니다. 이제 우리는 전 세계의 경연에 나가고, 여러 댄서와의 훈련과 여행에서 많은 걸 배웁니다. **99**

— 비보이 드롭스 (일명 존 레이드)
슈퍼내추럴즈 크루

완벽한 댄스 교습소

춤을 배울 때 필요한 게 많지는 않지만, 공간을 알아 보는 중이라면 이런 점을 고려하자.

플로어(바닥) : 바닥이라고 다 똑같지는 않다. 콘크리트처럼 딱딱하고 차가운 바닥은 관절에 좋지 않으니 나무나 고무로 된 바닥을 찾아보자. 댄스 교습소 바닥은 탄성이 있다. 말 그대로 작은 스프링이 바닥 아래 설치되어 있어서 착지를 부드럽게 해 준다.

거울 : 동작을 그때그때 보여 주는 특별 선물 같은 것이다.

음향 시설 : 음향 시설이 있으면 연습할 때마다 오디오를 옮길 필요가 없어서 좋다.

이제 모두 모이자

"난 그 노래 싫어!"
"맨 마지막에 그 동작을 쓴다고?
너 바보냐?!"

한 그룹이 무언가를 만들어 낼 때 모두가 동의할
수는 없다. 냉정을 유지하고, 어떤 의견이든 합의
를 이뤄 가는 과정의 일부임을 명심하자. 그래야만
사소한 의견 다툼이 큰 싸움으로 확대되지 않는다.

창의적인 비판

동료가 제시한 스텝을 두고 부정적인 말을 내뱉으
면 그에게 상처를 주고 싸움만 부를 뿐이다. 그럴
듯하게 돌려 말할 방법을 찾아보자. "이 동작은 피
라미드 형태로 하면 어떨까? 더 큰 효과가 날 거
야." 같은 식으로 말이다. 다른 동료들이 여러분의
의견에 모두 동의하면 순순히 여러분을 도와줄 것
이다. 하지만 다들 원래 스텝이 좋다고 생각하면
여러분은 의견을 받아들이고 흐름을 따라야 한다.

황당한 의견이라도 대환영!

동료 댄서들을 존중하는 건 그룹의 평화를 유지하는 방법일 뿐 아니라 참신한 아이디어를 찾는 데 결정적으로 중요하다. 세상에서 제일 황당한 의견이라도 환영받는, 열린 분위기를 만들려고 노력하자. 거기서 최고의 동작이 나오는 법이다.

자기 역할 알기

안무? 아직 덜 짰다. 음악도 편집해야 한다. 그러다가 아무도 리허설 장소를 예약하지 않는 사태가 벌어진다. 일을 분담해서 그룹을 질서 있게 정리하자. 그룹 안에는 꼼꼼해서 리허설 일정을 잘 잡는 사람도 있고, 다음 연습 전에 새로운 안무를 내놓고 싶어 하는 창의적인 열정가도 있으니, 잘 활용하자.

목표와 데드라인

공동의 목표가 있으면 그룹이 더 단단히 뭉칠 수 있다. 목표는 다음 번 학예회에 발표할 춤 연습이 될 수도 있고, 다음 달에 있을 아마추어 브레이크 댄스 대회 참가일 수도 있다. 목표가 무엇이든 함께 노력해 보자. 그 목표에 닿으려면 얼마나 많이 연습해야 하는지, 그리고 구성원 모두가 얼마나 멋지고 열성적인지 확인할 수 있을 것이다.

오디션

오디션은 댄서의 인생에서 언제든 닥칠 일이다.
아마 댄서가 나오는 드라마나 영화에서 비열해 보이는 심사위원들이
겁에 질린 댄서들을 잡아먹을 듯 관찰하는 모습을 보았을 것이다.
현실에서는 꼭 그렇지는 않다. 심사위원들이 오히려 댄서를
격려해 주기도 한다. 그래도 오디션 현장에서 자신을 드러내고
능력을 발휘하는 건 여전히 힘든 일이다.

어떤 일이 벌어질까?

오디션마다 운영 방식이 조금씩 다르므로 최대한 많은 정보를 미리 알아 둬야 한다. 준비해 온 춤을 오디션에서 보여 주기도 하지만, 오디션 장에 도착해서 새로운 춤 동작을 익혀야 할 수도 있다. 복장 규정을 확인하고, 준비할 시간이 있도록 반드시 일찍 도착해야 한다. 더불어 여러분이 받은 훈련, 공부, 공연 경험을 목록으로 정리해서 제출해야 할 것이다.

이것만 기억하면, 자신감 업!

말은 쉽다고? 오디션이라는 상황을 더 넓은 시야로 보는 방법 몇 가지가 있다.

유명한 댄서들도 모두 오디션에서 수없이 떨어졌다. 재능이 있고 없고의 문제만은 아니다. 때로 여러분은 캐스팅 디렉터를 쳐다보지 않는 편이 낫다.

오디션 한 번 망쳤다고 경력이 끝나는 거 아니다. 여러분에게 와 달라고 초대하는 사람들이 분명 있을 테고, 그들은 당신의 춤에 걸맞은 일거리를 줄 것이다.

노력 없이는 성공하지 못한다. 이 말이 정답이다. 오디션 하나하나를 다음을 위한 유용한 트레이닝으로 생각하자.

멋지게, 차분하게, 침착하게

여러분의 차례가 오면 오디션을 공연처럼 여기고 정성을 다하자. '못된 심사위원'이라는 고정관념은 사실이 아님을 기억하자. 심사위원들도 다 여러분과 같은 위치에서 시작했다. 오디션을 즐길수록 춤도 잘 풀린다.

불안감을 이겨 내자

오래 활동한 프로 댄서들도 오디션이 두렵기는 마찬가지다. 오디션을 거듭하다 보면 불안감을 안정시키는 자기만의 비결을 찾게 된다.

> ❝나는 항상 오디션을 앞두고 조금 예민해집니다. 그렇지만 최선을 다할 것임을 나 자신에게 일러 주고, 저기 앉은 심사위원도 내가 성공해서 일자리를 얻길 바랄 거라고 되새깁니다.❞
>
> ─ 발레리 스태노이스
> 댄서, 뮤지컬 '트리플 스렛' 등 출연

35

CHAPTER 3

춤을 만들어 보자

재미있는 책은 도저히 내려놓을 수가 없다. 훌륭한 춤도 마찬가지다.
춤의 동작들이 빈틈없이 짜여 있어서, 눈을 못 떼게 한다.

댄서들은 그 자리에서 춤을 채워 넣는 게 아니다. 춤도 이야기처럼 발단과 결말이 있고, 그 사이의 여러 부분으로 구성된다. 안무가는 마치 작가가 글을 쓰듯이 춤을 만들어 낸다.

안무가가 되는 건 댄서가 되는 것과 다르다. 별개의 기량이 필요하다. 연기가 훌륭한 댄서는 공연에서 탁월한 실력을 보일 테지만, 흥미로운 동작을 처음 생각해 내는 건 안무가에 달렸다. 안무가는 그만큼 중요하다. 최고의 안무가는 자기의 개성을 춤에 불어넣을 줄 안다. 그들은 오랜 시간 동안 독특한 움직임의 방식을 발전시키고, 완전히 새로운 춤 스타일을 창조하기도 한다. 그럴 때 안무가는 춤의 세계 속 아이콘이 되며, 모두가 그의 동작을 따라 하게 된다.

댄서들 중에는 안무가 적성에 맞지 않아서, 춤 동작을 익히거나 훌륭한 댄서가 되는 데 힘을 기울이는 사람들도 있다. 한편 춤 공연에 절대 나가지 않는 안무가들도 있다. 그들은 무대 뒤에 있는 걸 좋아한다. 굉장한 동작을 제안하고 그 동작이 무대 위에서 살아나는 모습을 지켜보면서 말이다. 그건 반가운 일이다. 좋은 책을 기다리듯, 우리는 항상 새로운 춤에 기꺼이 놀랄 준비가 되어 있으니까.

노래를 따라가 보자

춤은 여러분이 좋아하는 노래에서
시작되는 경우가 많다. 대개는
그 노래가 여러분을 찾아온다.
쇼핑하거나 라디오를 듣고 있는데 무언가가 갑자
기 마음속에 들어올 때가 있다. 그러면 뛰어다니고
싶어지거나 오랜 추억을 떠올리게 된다. 어떤 느낌
이든, 이럴 때 사람들은 노래가 '마음을 울렸다'고
말한다. 마치 노래가 자기를 춤으로 만들어 달라고
말을 거는 것 같다.

노래에 휩쓸려 보자

일단 마음을 움직이는 노래를 찾았으면, 그리로 뛰
어들어서 그 노래가 여러분을 어디로 데려가는지
보자. 갖가지 소리와, 그 소리들이 함께 작용하는
멋진 방식에 귀를 기울여 보자. 아마 기막히게 좋
은 드럼 비트가 발을 구르게 하고, 보컬 목소리는

괴상하면서도 환상적인 팔 동작에 영감을 줄 것이
다. 그저 몸이 원하는 대로 움직이게 내버려두자.

제멋대로

춤 동작을 만들 때 노래 첫 부분부터 시작할 필요
는 없다. 그 노래에서 여러분의 동작이 가장 자연
스럽게 흘러나온다고 느껴지는 부분에 초점을 맞
춰야 한다. 짧게 끊어서 그 부분을 반복해서 듣다

보면, 계속 같은 춤 동작을 하고 있는 자신을 발견하게 될 것이다. 거기서 최초의 짧은 안무가 나온다. 나중에 이 짧은 안무 모음이 많아지면, 블록을 쌓듯 그 모음들을 맞춰 나갈 것이다.

안무 속 규칙을 만들어 보자

노래는 대부분 몇 개의 절verse과 그 사이의 반복적인 후렴 식의 기본 구조가 있다. 사실 안무에는 그런 식의 규칙은 없지만, 아래와 같이 동작들을 분류할 수 있다.

스텝 – 하나의 스텝은 몇 초간 지속되는 동작들의 짧은 연속이다.

프레이즈 · 섹션 – 함께 연결된, 좀 더 긴 스텝들의 조합이다. 대개 노래의 도입부나 후렴구 같은, 음악의 일정 부분과 관련된다.

전환부 – 하나의 프레이즈(작은악절)가 다른 프레이즈를 만나는 지점이다. 댄서들은 서로 다른 프레이즈들이 부드럽게 섞이도록 한다.

직감을 믿어 보자

첫 동작을 떠올리는 건 이성보다는 감성의 일이다. 그러니 너무 많이 생각할 것 없다.

66 나는 익숙해질 때까지 음악을 반복해서 듣습니다. 동작에 대한 영감이 떠올라도, 의식하지 않고 그냥 내버려둡니다. 처음에는 무슨 동작을 했는지 기억하는 것보다 그 춤이 어떤 감정을 남겼는지가 중요합니다. 그런 시간은 즐거운 놀이 시간이라 할 수 있어요. 그저 즐길 뿐이죠. **99**

— 트레 암스트롱
〈허니〉 등 영화 안무가
캐나다 댄스 오디션의 심사위원

영감을 받다!

안무는 대부분 좋은 음악을 순수하게 '춤으로 표현'하기 위해 만들어진다. 안무에 꼭 어떤 심오한 의미가 있어야 하는 건 아니다. 사실 음악 외에도 안무가에게 영감을 주는 요소들은 많다. 때로 안무가는 일상의 경험과 아이디어를 메시지 있고 힘이 넘치는 춤으로 바꿔 놓는다.

춤에도 스토리가 있다

많은 안무가는 자기가 만드는 동작을 통해 어떤 스토리를 전하고자 한다. 안무가는 댄서가 언어 대신 움직임으로 줄거리를 연기하게 한다. 이를 '내러티브(서사적인) 댄스'라고 한다. 내러티브 댄스는 〈호두까기 인형〉 같은 고전 발레부터 최근의 뮤직비디오까지 광범위하게 쓰인다. 내러티브가 작동하려면 여러분이 좋아하는 동작을 사람들이 이해하는 가리키기, 행진하기, 손 흔들기와 같은 일상의 몸짓과 혼합해야 한다.

현대적인 춤 동작

안무가는 인간의 신체 그 자체에서 가장 큰 영감을 받기도 한다. 오늘날의 컨템퍼러리 안무가(94쪽 참고)들은 대부분 스토리는 잊고, 오로지 신체에서 흥미로운 형태와 패턴을 끄집어내는 데만 집중한다. 이것을 '추상적 안무'라고 한다. 그 동작들이 뭔가와 유사하게 보이거나 특별히 어떤 내용을 의미하지 않기 때문이다. 그저 진짜 멋있어 보일 뿐이다.

마음 깊은 곳에서

환경 문제를 다룬 〈불편한 진실〉처럼 당장 실천에 나서게 하는, 의미 있는 주제를 다룬 영화를 본 적 있는가? 그처럼 영화는 다른 사람들에게 영감을 주는 하나의 방법이 된다. 어떤 안무가들은 춤도 마찬가지라고 생각한다. 주제가 담긴 춤은 사람들의 관심을 끌고, 이렇게 말한다. "이봐! 이건 나에게 중요해. 그리고 나는 여러분도 이 문제를 고민해야 한다고 생각해."

우연의 춤

미국의 안무가 머스 커닝햄은 스토리를 전하지 않고, 춤에 우연이라는 방법을 들여왔다. 커닝햄의 작품은 다른 안무가들에게 엄청난 영향을 끼쳤다. 그는 동작, 경로, 강약, 빠르기의 선택지가 있는 커다란 표 위에 주사위를 굴려 스텝을 선택했다. 다음엔 어떤 일이 일어날까? 주사위로 결정하자!

시작하는 지점

좀비부터 투쟁까지, 훌륭한 춤은 갖가지 아이디어에서 탄생한다. 여러분을 둘러싼 세상을 창조의 영감으로 바라보자.

마이클 잭슨Michael Jackson
스릴러Thriller
안무: 마이클 피터스Michael Peters

춤추는 좀비들은 보기에도 멋있을뿐더러 움직임을 통해 스토리 전달을 도와준다. 이 춤은 정말 인기가 많아서 1982년에 선보인 이래로 전 세계 사람들이 여전히 따라 배우고, 동시에 춤추기(군무) 세계 기록을 깨려고 도전한다.

포인츠 인 스페이스Points in Space
안무: 머스 커닝햄Merce Cunningham

여기에서 커닝햄의 유명한 '우연' 안무가 펼쳐진다. 그에게 우연 안무란, 뒤섞인 무작위의 움직임들을 탐험하다가 나오는 예기치 않은 춤의 발견이다.

계시Revelations
안무: 앨빈 에일리Alvin Ailey

평등을 향한 투쟁에 감동한 에일리가 아프리카계 미국인의 문화유산에 바치기 위해 만든 작품이다. 수십 년이 지났지만 이 무용은 전 세계 관객을 여전히 감동시킨다.

나만의 댄스 스텝 만들기

모든 춤에는 네 가지 요소가 결합되어 있다. 신체, 공간, 힘, 시간이다. 여기에 소개하는 게임은 자기 나름의 스텝을 짜도록 도와준다. 춤을 위한 트위스터 게임 같은 것이다. 여러분의 스텝이 우습게 끝나든, 멋지든, 완전 괴상하든, 이 게임의 재미는 시도해 보는 데 있다.

시작하기 전에

• 가구를 옮겨서 공간을 충분히 마련한다.
• 음악 몇 곡을 고른다. 랜덤이면 더 좋다.
• 거울을 준비한다. 마지막 스텝을 촬영할 수 있으면 더 좋다.

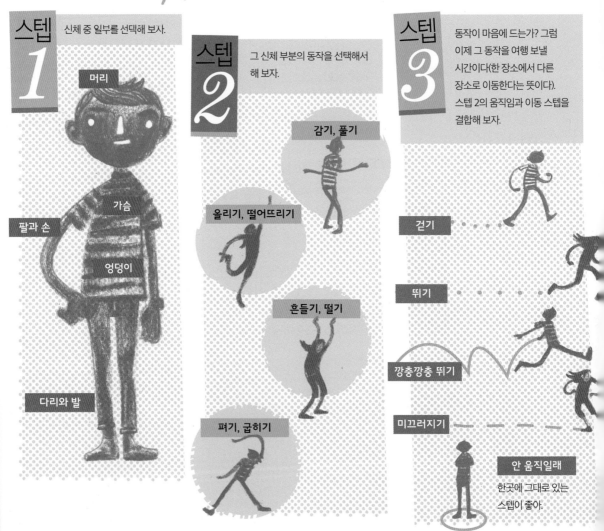

스텝 1

신체 중 일부를 선택해 보자.

머리
가슴
팔과 손
엉덩이
다리와 발

스텝 2

그 신체 부분의 동작을 선택해서 해 보자.

감기, 풀기
올리기, 떨어뜨리기
혼들기, 떨기
펴기, 굽히기

스텝 3

동작이 마음에 드는가? 그럼 이제 그 동작을 여행 보낼 시간이다(한 장소에서 다른 장소로 이동한다는 뜻이다). 스텝 2의 움직임과 이동 스텝을 결합해 보자.

걷기
뛰기
깡충깡충 뛰기
미끄러지기

안 움직일래
한곳에 그대로 있는 스텝이 좋아.

스텝 4

이제 경로를 더해 보자.
경로는 공간을 통해 여행하는
방향을 말한다.

스텝 5

무작위로 노래 한 곡을 고르고
새로운 스텝을 시도해 보자.
리듬에 여러분의 속도를
맡기고, 악센트를 주거나 잠시
멈춰 보는 등 변화를
불어넣는다. 노래 몇 곡으로 해
보고 제일 마음에 드는 것을 선택한다.

스텝 6

강약을 조절하면 동작에 개성과
감성이 더해진다. 지금쯤이면
선택한 음악에서 어떤 특성을
가지고 움직일지에 대한 영감을
얻었을 것이다. 그 특성이
무엇인지 알아내고, 다음엔
또 다른 특성을 표현하며 놀아 보자.
이런 실험을 해 보는 거다.

부드럽고 물 흐르듯 자유롭게

가볍고 통통 튀게

날카롭고 무겁게

원을 그리기

대각선으로 움직이기

정해진 방향 없이 구불구불 곡선으로 움직이기

옆으로 움직이기

해냈어!
이 놀이에서 괜찮은 스텝이 나왔나?
스텝을 더 많이 만들어서, 더 길게
결합해 보면 어떨까? 주변에서도 새로운
스텝에 대한 아이디어를 얻을 수 있다.
좋아하는 뮤직비디오에서 몇 가지
동작을 빌려 온 다음, 앞에서 말한
네 가지 요소를 이용해 뒤섞어 보자.

43

안무가가 되어 보자

안무가는 팀의 코치 같은 사람이다. 동작을 가르치고 리허설을 진행한다. 안무가는 댄서들이 최선을 다하도록 이끌어, 혼자 할 때보다 많은 걸 함께 이루려 한다. 이것도 일종의 리더십이며 연습이 필요하다. 다른 안무가들이 어떻게 하는지를 참고하면 여러분의 방식으로 댄서들을 이끄는 데 도움이 될 것이다.

이런 유형, 저런 유형

모든 안무가는 스튜디오에서 스텝을 짤 때 자기만의 접근 방식을 찾는다.

- 진짜 계획적이고 주도면밀한 유형은 첫날부터 전체 댄스를 꼼꼼히 적은 노트를 들고 등장한다. 그런 사람은 선생님에 가깝다. 댄서들이 모두 배울 때까지 스텝을 보여 준다.
- 다른 유형은 더 창의적인 안무가로, '디스코텍에 있는 해파리' 같은 괴상한 이미지를 던져 주고 댄서들이 그 자리에서 동작을 생각해 내도록 요구한다.

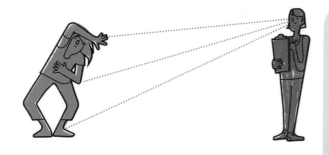

안무가의 눈

어떤 유형으로 작업하든, 안무가는 모든 것을 주의 깊게 관찰하고 흥미롭게 보이는 스텝을 찾아내야 한다. 첫 번째 할 일은 까다로운 매의 눈으로 잠재력 있는 보석을 알아보고 멋진 스텝으로 키우는 것이다. 그런 다음 그 스텝을 발전시킬 방법을 생각하며 이리저리 자르고 붙이고 꼬아 본다. 그게 바로 훌륭한 춤을 만들어 가는 기본 공식이다.

절대 잊어먹으면 안 돼

다 기억할 것 같아도, 일주일 후 연습 시간이 되면 지난주에 만들었던 모든 것이 머리에서 사라지게 마련이다. 그래서 메모를 해 두거나, 생각했던 최종 스텝을 녹화해 놓아야 한다. 댄스 스텝을 적어 놓는 건 재미있는 도전이다. 이때 안무가들은 대부분 자기만의 언어를 고안한다. "좋아요, '원숭이 미끄럼 왕점프' 1회 하고 '뿔뿔이 풍선 펑' 섹션으로 바로 넘어갑시다."

긍정적인 분위기를 조성하자

그룹의 동료들에게 새로운 동작을 가르치는 건 누구에게나 만만치 않다. 되도록 유쾌하고 재미있는 분위기를 유지하려고 노력해 보자.

66 안무를 할 때 나는 항상 기분 좋은 시간을 보냅니다. 매우 흥분되는데, 그런 기분은 다른 사람들에게 전염되지요. 나는 웃고 소리 지르는 걸 좋아합니다. 동료들과 화기애애한 분위기라면 안무가 더 쉽겠죠. 99

― 장-마르크 제네로
볼룸 댄서이자 안무가('쉘 위 댄스')
캐나다 댄스 오디션의 심사위원

근육은 기억한다

안무를 처음 배울 때 사람들은 대부분 어설픈 느림보가 된다.
당황한 뇌가 몸에게 다음 행동을 알려 주기만 기다리면서 말이다.
그러나 새로운 스텝을 배우는 건 자전거를 배우는 과정과 비슷하다.
처음에는 어려워도, 충분히 연습하면 멈추거나 생각할 필요가 없는
순간이 찾아온다. 댄서들은 이걸 '근육이 기억한다.'고 말한다.
이것이 새로운 동작을 익히는 비결이다.

춤추는 뇌

처음 자전거를 탔을 때는 페달 밟기가 무척 힘들었을 것이다. 그러나 지금은 여러분의 근육 기억이 페달 밟기를 습관으로 정착시켰다. 뇌가 그것을 기억하도록 신경 회로가 만들어졌기 때문이다. 춤은 근육 기억을 극단적으로 밀어붙여, 다음 동작을 생각하기도 전에 몸이 움직일 수 있도록 만들어 준다. 다른 프로들도 마찬가지다. 이런 식으로 프로 축구 선수가 머뭇거리지 않고 골을 네트에 차 넣으며, 피아니스트의 손가락이 건반 위를 그렇게 빨리 날아다니는 것이다.

10년이면 돼!

근육에게 하루아침에 동작을 기억시킬 수는 없다. 이 때문에 댄서 한 사람 만들려면 10년 걸린다는 말이 나오고, 춤 선생님들이 제대로 된 테크닉에 그토록 매달리는 것이다. 간단한 연습을 반복할 때 여러분의 뇌는 동작의 패턴을 꽉 붙든다. 처음부터 제대로 배우는 것이 중요한 이유는 나중에 나쁜 습관을 없애는 게 어렵기 때문이다. 그래서 많은 사람들이 손톱 깨물기 같은 나쁜 습관을 버리지 못하는 거다.

훈련에는 커다란 보상이 따른다

계속해서 연습하자. 여러분이 무대에 서고, 숨 쉬는 것만큼 스텝이 자연스럽게 흘러나올 때 그간의 연습과 고생이 모두 보상받으리란 걸 잊지 말자. 훌륭한 댄서를 보면 경외심이 느껴지는 건 그 때문일 것이다. 겉으로는 쉬워 보여도 그 우아함과 힘은 사실 오랜 시간에 걸친 훈련, 노력, 인내에서 나온 것임을 잘 알고 있기 때문이다. 올림픽 선수들처럼 우리도 단순하고 우직한 연습을 통해서만 목표를 이룰 수 있다.

안무가의 다양한 기법

어디선가 수백 명이 거리로 몰려 나와, 똑같은 동작으로 춤을 추기 시작하는 플래시 몹 비디오를 본 적 있을 것이다. 정말 멋있고 재미있지만, 아무리 좋은 것도 시간이 지나면 질리게 마련이다. 여럿이 함께 춤추는 또 다른 방법이 많을 때는 특히 더! 지루해지지 않고 계속 재미있게 하려면 댄서들의 배치를 활용해 보자. 뮤지션들이 노래 안에서 악기와 소리를 달리 조합해서 어울리게 하는 것처럼 말이다. 다음과 같은 고전적인 기법을 사용해도 좋고, 여러분의 아이디어를 끄집어내도 좋다.

파도타기

'캐논'처럼 멋진 파도를 만들어 보자. 캐논은 안무의 하나이다. 한 사람이 스텝을 시작하고 다음 사람이 몇 초 후에 시작하고 다음 사람, 또 다음 사람으로 이어져, 물결이 이는 것 같은 효과를 얻을 수 있다.

리더를 따르라

'부르고 답하기 call and response'라는 방법이다. 말 그대로 댄서 한 사람이 스텝을 하면 두 번째 댄서나 그룹이 바로 그것을 반복한다.

조금씩 바꾸기

여러분이 좋아하는 스텝을 몇 번 반복하되, 할 때마다 조금씩 바꾼다. 속도를 높일 수도 있고 무거운 쪽에서 가벼운 쪽으로 강약에 변화를 줄 수도 있고, 새로운 방향으로 움직일 수도 있고, 뭐든 좋다. 우아하게 말해서 이 방법은 '주제와 변주'이며, 항상 관객을 즐겁게 해 준다.

변화무쌍한 시도

댄서들은 모든 형태와 패턴을 공간 안에 구현할 수 있다. 그러니 모두가 줄곧 앞만 보는 것에 집착해서는 안 된다. 원형, 삼각형, 또는 대각선도 시도하고 공간을 종횡무진 이동하는 스텝도 만들어 보자.

숫자 게임

안무가는 효과가 극대화되는 순간을 위해 댄서 그룹 전체의 완벽한 조화를 이루려고 한다. 이때 솔로, 듀엣, 트리오, 또는 몇 명의 작은 그룹 댄스 등을 간간이 섞어서, 좀 더 잔잔한 순간들을 넣어 보자. 그로 인해 댄스가 더 역동적으로 진행되고, 통일된 스텝의 놀라운 힘도 커질 것이다.

차근차근 한 걸음씩

구성

이 안무가들은 자기만의 동작을 효과적으로 살리기 위해 고전적인 기법을 사용했다.

오케이 고OK Go
어 밀리언 웨이즈 A Million Ways
안무: **트리시 지** Trish Sie

4인조 록밴드 오케이 고가 제대로 해냈다! 통일된 동작부터 효과적인 그룹 형성, 다양한 패턴 구성까지 보여 주며, 귀엽게 파트너를 이루기도 한다. 훌륭한 동작은 너무 복잡할 필요가 없다는 걸 보여 주었다.

바이 어 워터폴 By a Waterfall
영화 〈풋라이트 퍼레이드Footlight Parade〉에서
안무: **버스비 버클리**Busby Berkley

음악과 함께 흐르는 2분짜리 도입부에 이어 고전적인 할리우드의 댄스 마법이 펼쳐진다. 안무가 버스비는 기하학적인 대형에 사로잡혀 있었고, 마침내 이 아쿠아 댄스로 아름답고 정교한 기하학적 패턴을 만들어 냈다.

사운드 오브 뮤직 Sound Of Music
벨기에 앤트워프 중앙역에서의 플래시몹

이 동영상은 200명이 넘는 댄서들과 함께, 너무나 매력적으로 통일된 군무를 보여 준다. 참가 인원이 계속 늘어나면서 댄스의 위력이 더욱 커지고, 파도타기로 마지막을 장식한다.

마지막
수정하기

누군가 여러분에게 춤이
'신들린 것 같다'고 말한다면,
그건 칭찬이다.

이 말은 사람들이 춤에서 눈을 못 뗄 때 쓰인다. 그
런 경지에 이르는 비결은 뭘까? 바로 편집이다. 춤
을 최대한 다듬어 보자.

다듬기

편집은 머리 자르기와 비슷하다. 멋지고 새로운 헤
어스타일이 나오려면 마음에 들지 않는 부분을 조
금씩 잘라 내고 다듬어야 한다. 연습 때마다 조금
씩, 좋지 않은 스텝을 끊임없이 다듬어 가자. 큰 공
연 전의 리허설에서 제대로 다듬지 않으면 분명히
시간이 부족할 것이다.

처음부터 끝까지

대강이나마 하나의 춤을 만들었으면, 전체를 훑어
볼 시간이다. 중간에 끊지 않고 처음부터 끝까지
해 보는 연습이다. 전체를 촬영하기 좋을 때이므로
동영상을 찍었다가 나중에 꼼꼼히 살펴볼 수 있다.
주의 깊게 관찰하고, 대박이다 싶은 스텝을 기록해
두자. 그저 시간 때우는 것처럼 보이는 스텝은 과
감히 잘라 내자. 훌륭한 동작들로 꽉 찬 짧은 춤이
길고 지루한 춤보다 훨씬 좋다.

외부자의 눈

믿을 만한 친구를 찾아서 여러분의 춤에 대해 솔
직한 의견을 들어 보자. 어떤 부분이 좋았는지, 그
리고 너무 길거나 지루한 부분은 없는지 물어보자.
이건 배짱이 필요한 일이다. 비판받는 걸 좋아하는

세계 최고의 안무가들이라도 춤이 무대에서 공연되는 걸 보고 나면 변경하고 수정한다. 여러 해가 걸리더라도 말이다.

1초가 아깝다!

훌륭한 안무가는 항상 동작을 개선하려고 노력한다. 공연이 시작되는 최후의 순간까지!

66 나는 항상 마지막 순간까지 안무를 수정합니다. 팔은 이렇게 올리고, 고개는 저렇게 돌리고 하면서요. 작품이 공연되는 때가 와야 비로소 작업이 끝나죠. **99**

— **숀 치스만**
마이클 & 자넷 잭슨의 '스크림' 비디오 안무
캐나다 · 영국 · 미국 댄스 오디션의 안무가

사람은 없으니 말이다. 하지만 관객보다 친구한테 비판을 듣는 게 훨씬 낫다. 게다가 여러분은 춤에 관해 말할 기회를 얻는 게 정말 뿌듯한 일임을 알게 될 것이다.

성장의 가능성

여러분이 아무리 동작을 넣고 빼고 열심히 다듬어도, 춤이 "난 이제 완벽해!"라고 소리 지르는 순간은 절대 만나지 못할 것이다. 그게 정상이다. 그러니 모든 부분을 완벽하게 해석하고 편집해야 한다는 강박감을 가질 필요는 없다. 춤은 항상 시간 속에서, 공연을 하며 발전해 간다.

CHAPTER 4

무대에 올리자

공연 시작 직전이다. 무대도 준비됐고 의상도 이만 하면 멋지다.
스텝도 다 외웠다. 여러분과 동료 댄서들은 막 흥분된다.
이날을 위해 모두가 그렇게 열심히 준비해 온 것이다.

무대 공연은 이야기꾼처럼 세상을 향해 여러분 자신을 표현할 기회이다. 관객을 여러분의 댄스 세계로 초대해서 작은 여행을 선사하는 것이다. 매일 벌어지는 일이 아니므로 잠시 주목받는 건 신나는 일이다. 물론, 힘들여 익힌 여러분의 춤을 보며 관객이 보내는 환호와 박수 소리를 듣는 것도 굉장하다.

부끄럼을 많이 타는 사람이라도 공연의 기쁨을 마다하지 않을 것이다. 댄서들은 대부분 몇 명에게 말할 때보다 수백 명 앞에서 춤추는 걸 더 편안하게 느낀다. 자기에겐 무대가 어울리지 않는다고 결론짓는 댄서들도 있다. 그 대신 파티에서 춤추거나, 매주 탭 댄스 수업에 도전하거나, 무대 뒤에서 기막힌 동작을 안무하는 걸 누가 막겠는가?

무대 체질인지 알아내는 유일한 방법은 한번 해보는 것이다. 음악이 시작되고 조명에 불이 들어오면, 여러분은 댄서들이 '그 순간에 빠져든다.'라고 말하는 걸 체험하게 된다. 몸이 머리 대신 움직이고 무엇을 해야 할지 알고 있다. 흥분시키는 아드레날린이 온몸에 용솟음쳐서 동작이 전보다 더 크고 강하게 느껴진다. 그리고 너무 집중한 나머지, 영화〈매트릭스〉에서처럼 나 이외의 세상은 허공을 맴도는 것만 같다. 일단 부딪쳐 볼 만하다!

무대 위에 서다

무대에 얼른 서고 싶다면, 학교 발표회나 동네 거리 축제 등 공연할 이벤트를 찾아보자. 참가가 가능한지 알아보는 건 두려운 일이 아니다. 거의 모든 사람이 이렇게 시작한다. 행사에 참여할 수 있다면? 드디어 공연을 무대에 올리는 거다. 해야 할 일이 많지만, 맨 땅에 헤딩하며 공연 하나를 만드는 건 여러분이 완전히 창의적으로 뭐든 결정할 수 있다는 뜻이다. 힘을 내자!

공연 장소 정하기

집 뒷마당에서 공연하거나, 쇼핑몰에서 깜짝 쇼를 할 수도 있다. 여러분 자신의 공연일 때는 장소를 고를 때 얼마든지 창의성을 발휘해도 좋다. 학교 강당이나 동네 카페 같은 곳이 좋겠지만, 춤 공연은 어디에서나 있어 왔다. 실제로 특수한 장소를 잡아서 안무를 하는 사람들도 있다. 이들은 멋진 장소를 찾아서 그 장소에 맞도록 댄스를 디자인한다.

프로그램 채우기

첫 댄스는 대부분 2~5분 정도 걸린다. 뭐, 격식 없는 뒷마당 공연에서야 괜찮다. 하지만 저녁 공연 전체를 채우고 싶다면 분위기를 계속 띄울 게 필요하다. 친구들 몇 명과 팀을 만들어서 다채로운 쇼로 만들어 보면 어떨까? 사람들을 즐겁게 하기 위해 배우, 저글링 하는 사람, 뮤지션, 그 누구든 데려오는 거다. 관객도 늘어날뿐더러, 앞으로 여러분을 자기 공연에 초대할 친구들도 생길 것이다.

무대 꾸미기

무대를 꾸미고 싶다면, 온갖 요소를 덧붙여서 여러분의 댄스를 완전한 쇼로 바꿀 수 있다. 창의적인 친구들을 불러 모아 의상, 음향 효과부터 최신 유행의 포스터까지 모든 일을 맡기자. 혼자서는 절대 생각할 수 없었던 참신한 아이디어들이 쏟아져 나올 것이다.

나만의 장소를 잡아라

어떤 안무가들은 극장 무대 외에 독특하고 남다른 장소를 사용하기도 한다. 자기 공연에 적합한 분위기를 만드는 데 도움이 되기 때문이다.

> 66 나는 공연용 무대 대신 일상적인 공간을 좋아합니다. 우리가 늘 생활하는 공간은 형태, 냄새, 조명, 역사 등으로 이루어진 특별한 에너지를 갖고 있죠. 이건 극장 무대에서는 찾을 수 없는 방식으로 춤에 의미를 더해 줍니다. 99

— 노에미 라프랑스
센스 프로덕션의 안무가
파이스트의 '1234' 뮤직비디오 안무

무대

세팅하기

"어둡고 폭풍우 치는 밤이었다. ……
어느새 떠오른 해가 빛나고 새들이
지저귀고 있었다."
우리를 둘러싼 광경과 소리는 사람들의
기분에 영향을 미친다. 연극과 영화
전문가들은 이를 알고 있기 때문에,
작품 속에서 세트와 특수 효과를 통해
우리의 느낌을 능숙하게 다룬다.
전문가들이 쓰는 방법 몇 가지를 빌려서
여러분의 공연을 위한 완벽한 분위기를
만들어 보자.

무대 장치

바람에 날리는 천과 촛불로 우리 집 뒷마당을 해가
질 무렵의 오아시스로 바꿔 보자. 스프레이로 그린
배경 막과 깡통 몇 개로 문화센터의 무대를 낙서
가득한 뒷골목으로 바꿔 볼 수도 있다.
무대 장치는 공연 무대를 여러분이 상상한 세계로
바꿔 줄 것이다. 자연 상태든 가상의 공간이든, 축
소한 것이든 과장된 것이든, 관객이 경험하고 싶어
하는 분위기에 대해 생각해 보자. 주위의 멋진 공
간을 둘러보자. 더 많은 영감을 얻으려면 사진과
그림을 참고해도 된다. 떠오르는 아이디어를 스케
치해 보자. 준비가 다 되면 필요한 물품을 사고 피
자 한 판 주문하자. 그리고 친구들과 함께 무대 장
치 만들기 파티를 여는 거다.

조명 비추기

턱 밑에 플래시를 비추면서 귀신 이야기를 해 본 적이 있는가? 그 이야기를 훤한 대낮에 한다면 무서움이 덜할 것이다. 공연을 볼 때 조명에 대해서는 거의 생각하지 않지만, 조명은 분위기 조성에 엄청난 역할을 한다. 멋진 조명 효과를 얻을 수 있는 간단하고 저렴한 방법이 많다. 이렇게 해 보면 어떨까?

• 색 전구로 방에 색깔 입히기
• 어둠 속에서 번득이는 금속 팔찌와 페인트로 으스스한 효과 내기
• 복고풍 디스코 볼에 플래시를 비춰서 별빛 만들기
• 최대한 빠르게 불을 껐다 켰다 하면서 등대 불빛 같은 효과 내기
• 해가 질 무렵에 공연해서 자연광의 효과 노리기

뮤직 큐!

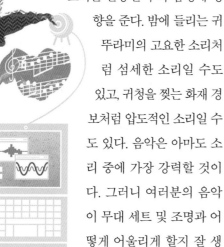

소리는 온종일 우리 감정에 영향을 준다. 밤에 들리는 귀뚜라미의 고요한 소리처럼 섬세한 소리일 수도 있고, 귀청을 찢는 화재 경보처럼 압도적인 소리일 수도 있다. 음악은 아마도 소리 중에 가장 강력할 것이다. 그러니 여러분의 음악이 무대 세트 및 조명과 어떻게 어울리게 할지 잘 생각해 보자. 여러분은 그 모두가 어우러져서 완벽한 분위기를 내길 바랄 것이다. 여러분이나 친구가 컴퓨터 음악 편집을 좋아한다면, 음향 효과를 덧붙이며 시시때때로 여러 가지를 시도해 볼 수 있다. 당장 시작해 볼 수 있는 공짜 음악 편집 프로그램도 많다.

조명으로 분위기 바꾸기

아룬은 세계 곳곳의 무용단과 연극 단체의 공연에 쓰일 조명을 디자인한다.

❝ 10대였을 때 나는 기계 장비 만지작거리는 걸 좋아했어요. 고등학교 때는 공연에서 조명을 담당했지요. 이런 일이 직업이 될 수 있다는 걸 알고는 전문 무대에서 일하기 시작했습니다. 빛이 관객의 반응을 자극하고 불러일으키는 데 얼마나 강력한 도구인지 배웠죠. 지금은 종일토록 최첨단 장난감들을 갖고 놀기도 하고, 줄곧 새로운 공연에서 창의적인 사람들과 함께 일하고 있습니다. ❞

— 아룬 스리니바산
조명 디자이너

무용 의상 제작 가이드
나만의 무용 의상 만들기

개인적인 스타일이 사람을 표현해 주듯, 의상은 관객에게 여러분의 춤이 무엇에 관한 것인지를 말해 준다. 마조리 필딩은 캐나다 국립발레단의 의상 제작을 맡아 왔다. 그녀는 거대한 쥐부터 〈호두까기 인형〉 속 사탕 요정까지 창의적인 무용 의상을 많이 만들었다. 마조리는 다음과 같은 가이드를 통해 의상을 만들 때 창의성이 돈보다 중요하다는 걸 보여 준다.

시각적으로 생각하라

의상 디자이너는 안무가의 춤에 대한 생각을 의상으로 전환한다. 여러분이 원하는 게 전통 스타일이든 현대를 뛰어넘는 스타일이든, 안무가와 대화하고 춤을 관찰하고 음악을 들으면서 작업을 시작하면 된다. 완벽한 형태가 머릿속에 떠오르지 않아도 걱정할 필요 없다. 여러분이 추구하는 스타일에 관해 생각하면 된다. 그 의상에 맞는 이미지, 색깔, 물건을 모은 다음 아이디어를 스케치해 보자.

숨은 재료 찾기

의상 디자이너는 생활 속 사물에서 의상 작품을 끄집어낸다. 비비 꼬인 넥타이가 갑자기 뾰족뾰족한 모자로 형상화되기도 하며, 알루미늄 포일은 최고의 재료가 된다. 장롱 속의 침대 시트, 수건, 종이 가방 등 변형할 수 있는 건 무엇이든 뒤섞고 짝을 지어 보자. 다만 부모님에게 먼저 허락받고!

과 모양이 어떻게 보이며 어떻게 움직일지 생각하고, 안무를 강조할 수 있는 아이템을 고르자. 무거운 천으로 의상을 만들면 가볍고 부드러운 천보다 경직된 느낌이 들고, 섬세한 움직임이 가려질 것이다.

절약하라

재활용 가게를 둘러보는 건 부족한 물품도 사고, 새로운 영감도 얻고, 비용도 맞출 수 있는 좋은 방법이다. 마음에 꼭 드는 재킷이나 완벽한 바지를 찾을 게 아니라, 옷과 물품들을 다시 사용하고 결합할 수 있는 방법을 생각해 보자. 가방 천이 마음에 들면 잘라 내서 벨트나 헤어밴드로 사용할 수 있다.

개성을 살려 보자

의상 제작을 잘 마무리하기 위해 이런 아이디어를 시도해 보자.

춤추는 마네킹

댄서들이 의상을 입고 자유롭게 움직일 수 있어야 한다는 걸 꼭 기억하자. 댄서에게 의상을 입혔을 때 재질

- 스텐실: 두꺼운 판지나 시리얼 상자로 스텐실을 디자인하고 물감을 넣어 여러 벌 찍어 낸다. 티셔츠 위의 멋진 스텐실은 어떤 그룹인지 보여 주는 가장 효과적이고도 손쉬운 방법이다.
- 장식하기: 리본, 단추, 비즈 등을 의상에 붙이거나 꿰맨다.
- 채색하기: 아크릴 물감으로 의상에 패턴과 모양을 덧붙일 수 있다. 특별한 질감을 내려면 스펀지를 사용해 보자.

전문적인
공연장의 내부

물론 첫 공연 때 오페라하우스를
대관하진 않을 것이다. 하지만 전문가들의
전용 무대 안팎을 알아 두면 분명
여러분의 공연 진행에 도움이 될 것이다.
어디서 하든 말이다.

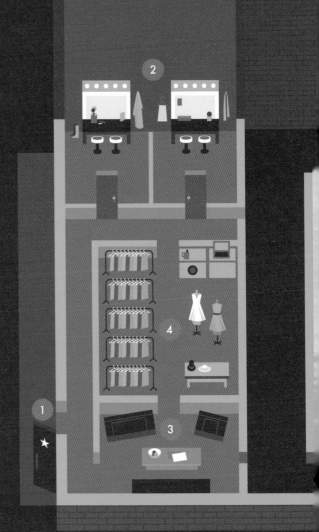

1 스테이지 도어 stage door

공연자나 기술자들이 이 문을 통해 무대 뒤
로 들어온다. 그래서 관객들은 공연 시작 전
에 그들을 볼 수 없다.

2 분장실

공연자들이 거울 앞에서 머리를 매만지고 화
장하고 의상을 입는다. 분장실은 행운을 비는
메모와 꽃다발로 장식되곤 한다.

3 그린 룸 green room, **휴게실**

공연자들이 무대에 오르기 전에 기다리는 곳
이다. (방의 색깔이 다를 수도 있다.) 이런 이름
이 붙은 건 아마도 녹색이 마음을 안정시키
기 때문이거나, 옛날에는 나무가 우거진 야외
에서 연극을 공연했기 때문인 듯하다.

4 의상실

의상을 보관하고, 세탁하고, 좋은 상태로 유
지하는 곳이다.

5 무대 측면, 윙 wings

공연자가 무대로 들어가고 나오는 곳이자 기
술자들이 작업하는 곳이다. 이곳에서는 절대
로 말해선 안 된다. 관객에게 들릴 수 있기 때
문이다.

6 그리드 grid

기술자들이 무대에서 한참 높은 이곳에 조명
등과 도르래 시스템을 달아서 무대 장치를
올렸다 내렸다 한다.

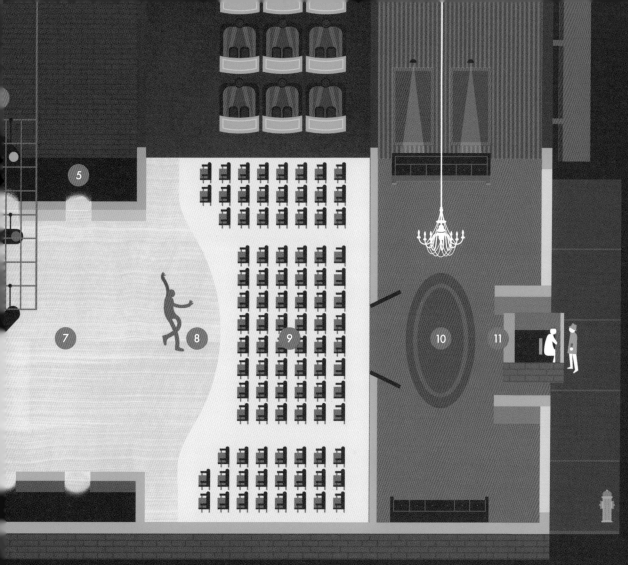

7 스테이지stage

바로 여기서 공연을 하게 된다.

8 돌출 무대

모든 공연 무대에 다 있는 건 아니다. 청중 쪽
으로 돌출된 무대 일부이다.

9 관객석, 하우스house

관객이 앉아서 공연을 보는 곳. (하우스라는 말
은 관객 자체를 가리키기도 한다.)

10 로비lobby

관객이 로비를 통해 극장으로 들어온다. 프로
그램을 나눠 주는 안내원이 관객에게 인사하
고 자리를 찾도록 도와준다.

11 매표소

표를 파는 곳이다.

도와줘요, 무대 전문 기술자!

이제 무대에 오를 준비가 다 됐다. 음, 입체 음향 시스템은 누가 켜 주지? 무대 전문 기술자, 즉 테크니션technician을 부를 시간이다. 검은 옷을 입은 그들은 재빨리 움직인다. 그들은 공연이 순조롭게 진행되도록 커튼 뒤 어두운 곳에서 일한다. 거미처럼 매달려 있기도 하고, 천장에서 도르래를 당기거나 스파이처럼 헤드셋을 쓰고 서로 속삭이기도 한다. 그들의 맹활약을 살펴보자.

프로필

별명: 테키Techie

외모: 관객의 눈에 띄지 않는 온통 검은 옷차림.

할 일: 완벽하게 잘 짜인 특수 효과로 관객을 교묘하게 속이기.

도구: 작은 플래시, 밧줄, 그 외 여러 가지 가정용 도구.

파워와 능력치: 대단하지만, 보이지도 들리지도 않는 능력.

개인적 특성: 무대를 좋아하지만 무대 뒤에 머물기를 더 좋아함.

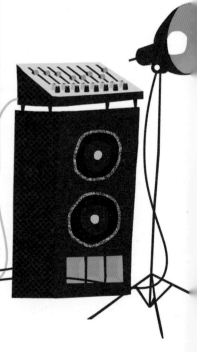

백스테이지의 영웅들

무대 테크니션, 일명 테키들은 백스테이지, 즉 무대 뒤쪽의 모든 일을 맡는다. 조명과 음향 시스템을 설치하고 작동시키며, 무대 세트와 필요한 소품을 이동시킨다. 안개 기계 같은 특수 효과도 다루고, 출연자들에게 각자 있어야 할 곳을 확실히 알려 준다. 단순한 공연이라도 적어도 한 명 이상의 테키가 필요하다. 친구들 또는 전혀 기대하지 않던 곳에서라도 적합한 사람을 찾아보자. 남동생은 어떨까?

큐시트는 필수!

테키가 모든 일을 수월하게 진행하는 비결은 큐시트cue sheet에 있다. 큐시트는 공연 동안 해야 할 일과 지시 사항 등을 적은 목록이다. 막 열기, 조명 켜기, 무대 위에 소도구 배치하기 같은 일들이 큐시트에 모두 적혀 있다. 쇼가 일단 시작되면 테키들이 책임자이다. 여러분은 그들이 큐시트를 갖고 공연을 이끄는 대로 따라가면 된다.

관객의 눈으로 공연을 담는다

공연이 끝나고 나면 여러분은 어떻게 진행됐는지 돌아보고 싶을 것이다. 그러니 또 다른 테키에게 공연 전체의 촬영을 맡기자. 관람석 뒤쪽에 카메라를 세팅해서 전체 무대가 잡히게 한다. 멋진 장면을 위해 일부를 확대 촬영해서는 안 된다. 스텝을 기억하려고 그 테이프를 확인할 때, 여러분은 댄서들 전체의 모습을 봐야 할 테니까.

잠깐! : 전문적인 공연장에서 무대 매니저는 모든 기술자 중 여왕벌 같은 존재다. 무대 매니저가 모든 '큐'를 외치고 모든 일이 정확한 시간에 이루어지도록 확인한다. 요컨대 백스테이지의 총책임자가 있는 게 좋다.

뱃속이
울렁울렁

공연 날 아침,
기대에 한껏 부풀었다.
그런데 공연을 몇 분 앞두고
여러분은 거의 토할 지경이다.
여기에서 도망갈 수는 없다.
이런 불안감은 인기 스타라도
누구나 겪는, 공연의
일부라는 걸 기억하자.
그럼 어떻게 울렁증을
떨치고 공연을 대성공으로
이끌 수 있을까?

공연 전에 준비 운동을 하자

마음을 안정시키려면 제대로, 길게 준비 운동을 하
는 게 최고다. 최소 30분은 근육을 깨우고 풀어 주
고 마음의 평정을 찾아야 한다. 발레단에서는 공연
전에 온전한 수업을 한다. 몸과 마음을 공연에 집
중시키기 위해서다. 준비 운동으로 몸이 풀리면 리
허설을 하거나, 스텝 몇 가지를 새겨 보며 예행연
습을 해 보자.

마음을 한곳에 모아 보자

댄서마다 마음을 안정시키는 비결이 있다. 준비 운동을 해도 여전히 떨린다면 이렇게 해 보자.

- 눕거나 앉을 수 있는 조용한 장소에서 명상한다. 깊게 호흡하고 마음이 편안해지는 생각을 하자.
- 몇 가지 요가 동작을 해 본다.
- 춤추는 모습, 완벽히 해낸 모습을 머릿속에 그려 본다.
- 빈둥거리면서 실없이 움직여 본다. 분장실에서 신나는 음악을 틀어 놓고 친구들과 겅중거려 보자.
- 긴 안목에서 생각한다. 이건 그저 한 번의 공연일 뿐, 무슨 일이 일어나도 세상이 끝나는 건 아님을 되새기자.

그런데 왜 긴장하게 될까?

불안할 때 우리 뇌는 심장을 빨리 뛰게 하고 온갖 에너지를 내는 화학 물질을 내보낸다. 곰과 싸울 때라면 아주 좋다. 불행히도 우리의 신경 시스템은 현대 생활에 맞춰 발전하지 못했다. 그래서 작은 스트레스에도 이렇게 지나친 반응을 하게 되는 것이다. 자연의 해결책은 매우 단순하다. 천천히, 깊게 호흡하면 몸이 뇌에게 이렇게 말한다. "긴장 풀어, 다 괜찮아." 그러면 통한다!

잠깐! : 그 화학 물질 중 하나가 아드레날린이다. 이 성분은 실제로 여러분이 고통을 느끼지 않게 한다. 그러니 아드레날린에 속아서 평소 준비 운동 때 하던 것보다 심하게 스트레칭을 해선 안 된다. 갑자기 유연해진 것 같은 생각이 들더라도 말이다. 그건 마음의 속임수이니, 자칫하면 다칠 수 있다.

공연을 시작합니다!

공연하는 사람들은 미신에 빠지기 쉽다. 그들은 행운을 위해 별짓을 다 한다. 공연이 진행되는 2주 내내 양말을 갈아 신지 않는 사람도 있다. 제정신이 아닌 것 같지만 그러는 이유는 실제 무대에서 무슨 일이든 일어날 수 있기 때문이다. 뭔가 잘못되어 가는데 아무도 '컷!'을 외칠 수 없을 때면, 정말 행운이 내 편이길 간절히 바라게 된다.

아무 일도 없는 척

소품이 무대에서 굴러 떨어지거나 의상이 찢어질 때 여러분이 할 수 있는 건 계속 공연하는 것이다. 아무것도 잘못되지 않은 척하라! 그게 황금률이다. 실수로 넘어지거나 군무에서 동작을 놓치면 그저 여러분 자리를 찾을 때까지 몇 스텝 임기응변으로 넘기면 그만이다. 마치 여러분의 솔로 타임인 듯 춤을 추면, 아무도 실수인지 모를 거다.

드레스 리허설

공연 중 실수를 피하는 최선의 방법은 드레스 리허설을 통해 실수할 가능성을 없애는 것이다. '망친 리허설은 좋은 공연과 같다.'는 말이 있다. 의상과 소도구를 완벽히 갖추고 연습하는 드레스 리허설이 그만큼 중요하다는 뜻이다. 여러분이 무대에 서기로 했다면 실제 무대에 적응해야만 한다. 대형을 맞추기 위해 보폭을 더 크게 하는 식으로 말이다.

무대에 오르기 전에

의상 준비는 끝났는가? 모자도 잊지 말자. 준비 운동 때 입고 있던 옷이나 액세서리를 다 벗어 놓았는지 확인하자.

- 머리와 분장은 정돈되었는가? 머리가 흐트러지거나 분장이 번지지는 않았는가?
- 필요한 소도구는 모두 무대 옆의 제자리에 있는가?
- 준비 운동은 제대로 했나?
- 동료 댄서들에게 행운을 빈다고 말했나?

관객에게 인사하기

공연이 끝나고 여러분이 마지막 포즈를 취하면 관객은 박수로 감사를 표할 것이다. 이때 인사는 하고 싶은데 동료 댄서들을 둘러보면서 어찌할 바를 모르는 건 초보자들이 흔히 하는 실수다. 미리 뭔가를 준비해 두자. 정교하게 만들 필요는 없고 그저 여러분의 스타일에 맞는 동작이면 된다.

예상치 못한 사고를 염두에 두자

공연 중에 작은 사고가 일어날 수 있고, 실제로 일어난다. 그런 현실을 받아들이자. 사고에 전전긍긍하기보다 유연하게 대처하는 게 훨씬 낫다.

66 수천 명 앞에서 투어 공연 중이었어요. 리프트 동작을 하다가 신발에 달린 핀이 떨어졌어요. 신발이 관중석으로 날아가서 누군가 맞겠다 싶었죠! 나는 발가락을 최대한 움켜쥐고 동작이 끝날 때까지 신발을 잡고 있었어요. 인사를 하고 절뚝거리며 무대에서 내려왔어요. 무슨 일이 있더라도 공연은 계속되어야 해요. 99

— 타라-진 포포위치
캐나다 댄스 오디션 시즌 2 우승자

CHAPTER 5

춤추는 현장에서

오늘 아침 친구가 인터넷에 올린 비디오는 정말 웃겼다.
여러분은 당장 친구들과 링크를 공유했다.
문밖을 나서기 전 여러분은 만화 캐릭터가 그려진 빈티지 스타일의 티셔츠를 걸친다.
손에 든 바인더에는 친구의 새로운 사진 블로그 스티커들이 붙어 있다.

이 모든 것은 여러분이 누구인지, 그리고 어떤 것에 관심이 많은지에 대한 작은 힌트가 된다. 또한 여러분이 좋아하는 것을 더 많은 사람들에게 알려 준다. 차고에서 시작한 밴드는 그렇게 해서 마침내 슈퍼스타 그룹이 되며, 여러분 친구의 블로그도 전 세계에 소문이 퍼져 팔로워들이 몰리게 되는 것이다.

핵심은 이거다. 여러분이 흥미로운 일을 하고 있으면 사람들은 자기 친구에게 그 얘기를 하고 싶어진다. 그러니 소문 낼 방법만 주면 된다. 공연을 홍보할 때는 아이디어에 상상력이 넘칠수록 좋다. 무용단은 홍보를 위해 웹 사이트부터 머그잔, 댄서들의 사인이 담긴 닳아빠진 발레 슈즈까지 모든 걸 동원한다. 뉴욕에 본사가 있는 '댄스 시어터 워크숍'이라는 무용단은 온라인 팔로워들에게 동작에 대한 아이디어를 올려 달라고 요청하기도 한다. 서로 정보를 얻으면서 함께 즐길 수 있는 방법이다.

홍보는 공연을 짜는 것만큼이나 창의성이 필요하지만, 무척 즐겁다. 포스터 제작이든, 블로그 활동이든, 그룹의 사인이 들어간 새 레그 워머(다리에 씌우는 토시)를 짜든, 재미난 아이디어를 내 보자. 그리고 팬이 늘어나는 걸 지켜보자.

이름을 널리 알려 보자

메시지는 적당한 곳에 전달해야 한다. 정원을 가꿀 때 꽃이 활짝 필 만한 곳에 꽃씨를 심는 것과 같다. 조금 신경 쓰고 약간의 행운까지 찾아오면 여러분의 팬은 순식간에 불어날 것이다.

공연 이름 정하기

제일 중요한 걸 맨 먼저 해야 하는 법이다. 어떤 말을 널리 퍼뜨리려면 우선 말을 만들어야 한다. 여러분의 공연을 뭐라고 부를 텐가? 그룹이 여러 개면 그 모두를 대표할 공연 이름을 생각해 내야 한다. 하나의 주제를 정해 이름을 만들어 보자. 춤 스타일에 바탕을 두거나(어번 댄스 이벤트), 공연를 하는 장소(325 갤러리 댄스), 또는 멋진 느낌을 불러일으키는 추상적인 말(티핑 포인트)도 가능하다. 이름에 특별한 울림이 있다면, 여러분은 단번에 알아챌 것이다.

우주 최강 댄스 컴퍼니

행사 목록에 올리기

사람들은 항상 뭔가 재미있는 걸 찾는다. 지역 신문, 커뮤니티 웹 사이트, 블로그 등에는 만화 전시회부터 생활 체조 수업까지 자잘한 행사 목록이 올라온다. 이런 광고는 거의 항상 무료로 실린다. 꼭 기억해 두었다가, 여러분의 공연 정보를 몇 주 전에 보내자.

홍보 시스템 마련하기

프로 댄서들은 홍보 전문가를 고용해서 잡지, 신문, 텔레비전에 자신을 홍보한다. 여러분은 아직 화제의 인물로 주목받을 수는 없지만, 다양한 홍보 방법을 활용할 수 있다. 학교 신문과 인터뷰를 한다든지, 친구들에게 블로그에 여러분 이야기를 써 달라고 한다든지 말이다.

보도 자료 보내기

인터넷이 등장하기 전, 무료로 홍보하는 유일한 방법은 공연 리뷰가 신문에 실리는 것이었다. 오늘날의 댄서들도 여전히 언론에서 좋은 리뷰를 받기 위해 노력한다. 그러려면 언론 매체에 공연에 관한 보도 자료를 이메일로 보내야 한다.

여기, 기본 형식이 있다.

- 맨 위에 '보도 자료'라고 쓴다. (보도 자료는 기삿거리를 제공하기 위해 언론 매체에 보내는 문서이다.)
- 다음엔 여러분의 단체 이름과 연락처 정보를 넣는다.
- 눈에 잘 띄도록, 기억하기 쉬운 제목을 굵은 글씨로 쓴다.
- 여러분의 공연이 얼마나 놀라운지, 여러분과 동료들이 얼마나 재능 있는지에 관해 짧막한 안내문을 넣는다.
- 끝으로 이메일 연락처를 넣는다. 개인 이메일이 아닌 별도의 이메일 주소를 만들고, 절대 개인 정보를 제공해서는 안 된다.

보도 자료

우주 최강 댄스 컴퍼니
주소: 서울특별시 종로구 진흥로
이메일: nextbest@example.com
전화: 012-345-6789

**우주 최강 댄스 컴퍼니의 브레이킹 대박쇼
4월 30일 오후 7시 30분
초록개구리 아트센터**

브레이킹 대박쇼는 댄스계에 지각 변동을 가져올 상상 이상의 공연입니다. 브레이크 댄스계의 새바람을 온몸으로 느껴 보세요.

연락처: nextbest@example.com

포스터 만들기

'한 번 보는 게 백 번 듣는 것보다 낫다.'는 말이 있다. 언어로는 동작이 잘 묘사되지 않는다. 그토록 많은 댄서들이 공연 홍보에 사진을 사용하는 이유가 여기에 있다. 잘 만든 포스터는 여전히 마케팅에 가장 많이 쓰인다. 그리고 최고의 포스터는 그 자체만으로도 예술이다.

1단계
훌륭한 사진 찍기

사진이 좋으면 그만큼 포스터도 좋다. 완벽한 사진을 포착하기 위한 다섯 가지 방법이 있다.

1. 어떤 카메라는 버튼을 누르는 순간과 사진이 찍히는 순간 사이에 시간차가 있다. 타이밍을 잘 맞춰야 점프하는 순간을 포착할 수 있다.
2. 구성을 생각하라. 구성은 사진의 모든 요소가 어떻게 모여 있는가의 문제다. 예를 들어, 댄서들의 점프 사진에서는 바닥이 보여야 얼마나 높이 뛰었는지 가늠할 수 있다.
3. 배경에 방해가 되는 물건들은 치운다. 자칫하면 "저 기둥은 댄서 머리에서 솟아 나왔나?" 같은 소리를 듣게 된다.
4. 플래시는 댄서의 집중을 방해한다. 대신 카메라 셔터 속도를 높여라.
5. 너무 많이 생각하지 말자. 그냥 흘러가게 두면 사진이 훨씬 좋아질 것이다.

잠깐! : 여러분의 스타일을 완벽하게 포착한 사진이 있다면, 그걸 잘 활용하자. 그룹 로고에 넣거나 북마크, 스티커, 배지 등을 디자인하는 데 쓸 수 있다.

청춘 백조들의 비상

4월 1일 오후 7시 30분
메인스페이스 시어터
종로구 진흥로 1420
reformdance.net

2단계
잘라 내고 매만지기

죽여주는 사진을 고르고, 사진 편집 소프트웨어를 사용해서 특수 효과를 더한다.

3단계
기본 정보 담기

포스터에 너무 많은 글을 집어넣어서는 안 된다. 기본 정보면 충분하다. 공연 이름, 날짜, 시간, 장소 그리고 웹 사이트면 된다. (부모님의 허락을 받았다면, 티켓을 팔기 위해 이메일을 넣을 수도 있다.)

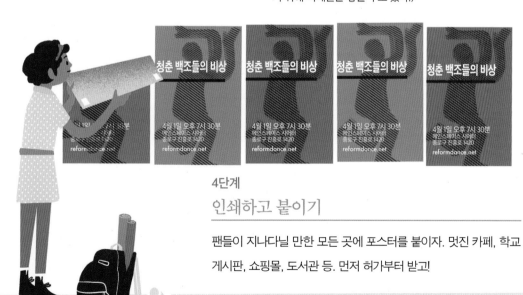

4단계
인쇄하고 붙이기

팬들이 지나다닐 만한 모든 곳에 포스터를 붙이자. 멋진 카페, 학교 게시판, 쇼핑몰, 도서관 등. 먼저 허가부터 받고!

웹 사이트 만들기

최신 브레이크 댄스 영화에 푹 빠지면,
팬 사이트를 확인하고 영화 뒷이야기 같은 정보를 뒤지게 된다.
어떤 것을 정말 좋아하면 사람들은 그것의 일부가 되고 싶어 한다.
그래서 웹 사이트와 온라인 네트워크가 그토록 인기 있는 것이다.
인터넷은 전에 없던, 아티스트와 팬들의 소통을 가능하게 해 준다.

초고속으로 맺어지는 친구들

온라인 세상은 빠르게 변화한다. 사람들을 이어 주는 새롭고 멋진 방법이 끊임없이 등장한다. 정말 놀랍다. 아티스트가 팬에게 다가가고자 라디오나 텔레비전 광고에 많은 돈을 쓰던 게 그리 오래전 일이 아니다. 요즘에는 톡톡 튀는 비디오나 블로그 포스트가 몇 분 안에 입소문이 날 수 있다. 여러분이 할 일은 사람들이 공유할 멋진 무언가를 내놓는 것이다. 그러면 갑자기 다른 나라에 팬이 생길 수도 있다. 환상적이지 않은가?

웹에 집 짓기

온라인에 정보를 공유하는 온갖 방법이 있더라도, 여전히 최고의 방법은 웹 사이트를 갖는 것이다. 한곳에서 모든 걸 말할 수 있기 때문이다. 기본에서 시작하자. 일단 여러분의 근황, 댄서 약력, 다가올 공연 일정 소개 등을 올리자. 그리고 나서 창의적으로 꾸미면 된다. 사진, 블로그 글, 비디오 인터뷰, 리허설 영상 같은 내부 소식을 올리자. 팬들이 여러분의 사이트에 다시 찾아오도록 새로운 내용을 자주 올려야 한다.

무엇을 공유하지?

이렇게 다짐하자. "난 친구들에게 스팸 메일은 보내지 않을 거야." 이메일과 SNS 계정에 쏟아지는 광고는 사람들의 주의를 끌지 못한다. 그런 건 인정사정없이 삭제된다. 블로그 글을 흥미롭게 쓰거나, 멋진 비디오를 올리거나 혹은 속 깊은 댓글을 남긴다면, 팬들이 여러분을 발견할 것이다. (그리고 여러분이 올린 걸 친구들과 공유할 것이다.) 그러니 그룹 이메일 발송은 줄여야 한다. 한 번 보내더라도 느낌 좋은 사람이 되자.

거대한 사이버 세상

실제 세상처럼, 온라인에서도 낯선 사람이 접근할 때는 조심해야 한다. 주소, 전화번호, 학교 같은 개인 정보를 내비치면 안 된다. 낯선 사람이 만나자고 할 때 함부로 나가서도 안 된다. 꺼림칙한 사람이 있다면 부모님께 알리자. 부모님은 이런 문제를 여러분보다 쉽게 해결할 수 있다.

댄스 영화 전문가의 가이드
댄스 영상 제작하기

유명한 비디오 속에서 춤추는 장면을 본 적 있는가?
즉석에서 만든 우스운 춤부터 근사한 신규 뮤직비디오까지
우린 정말 춤을 좋아한다. 모제 모사넨은 일류 안무가들과
함께 작업한 댄스 영화들로 캐나다의 오스카 상으로
불리는 제미니 상을 비롯해 여러 상을 받았다.
그는 비디오 제작에서 꼭 필요한 건 훌륭한 동작
몇 가지와 디지털 카메라 한 대라고 말한다.

로케이션

댄스 영상에서는 라이브 촬영에서 쓸 수 없는 기법을 사용할 수 있다. 관객 앞 무대를 떠나, 촬영에 담을 멋진 장소들을 생각해 보자. 교실에서 춤이 시작되어 갑자기 길거리에 나타나길 바라는가? 멋지다! 여러분이 좋은 (그리고 안전한) 장소를 찾았다면, 동작 몇 개를 섞어서 완벽하게 끼워 맞출 수 있다. 아마 여러분은 책상에 앉아 춤추기 시작할 것이다. 아니면 다른 층을 오가며 춤추기 위해 중앙계단을 이용할 수도 있다.

적절한 앵글

색다른 카메라 앵글을 사용하면 촬영분을 모아 편집할 때 재미있는 장면을 선택할 여지가 많아진다. 이 네 가지 유형의 앵글을 확실히 알아 두자. 카메라가 하나밖에 없더라도 말이다. 카메라가 하나라

는 건, 모든 걸 여러 번 촬영해야 한다는 걸 뜻할 뿐이다.

• **와이드 앵글:** 모든 댄서가 머리부터 발끝까지 다 보이도록 크게 잡는다.

• **미디엄 앵글:** 좀 더 가까이, 한두 명의 댄서들을 머리부터 허리나 무릎까지 잡을 수 있다.

• **클로즈업:** 줌을 당겨서 댄서 한 사람의 머리와 어깨를 찍는다.

• **특수 앵글:** 이런 샷은 정말 창의력을 발휘할 수 있는 곳에서 나온다. 본능적인 느낌에 따라 특별한 동작들을 멋지게 찍어 보자. 아마 독무를 찍을 때는 천천히 줌인하고 싶을 것이다. 무용수의 재빠른 발 옆에서 카메라를 빠르게 움직일 수도 있을 것이다. 뭐든 가능하다!

촬영분 모으기

편집은 여러 촬영분을 재미있게 모으는 것이다. 한 클립에서 다음 클립까지 자를 때 음악이 끝나는 박자에 맞추거나, 동작이 자연스럽게 끝나고 새로운 스텝이 시작되기 전에 자른다. 편집의 세 단계는 다음과 같다.

- **어셈블리**assembly: 음악을 깔고 와이드 앵글로 찍은 장면을 모두 넣는다. 러프 컷을 넣을 자리를 만든다.

- **러프 컷**rough cut: 다른 장소에서 다른 방식으로 찍은 장면으로 더 장식한다. 마음에 드는 것이 나오면 친구들에게 보여 주고 솔직한 의견을 들어 보자.

- **파인 컷**fine cut: 고쳐야 할 점이 있으면 마지막으로 손보고 끝낸다.

촬영 날을 위한 요령

바깥 날씨가 좋은지 확인하자. 실내에서 찍는다면 창문이 많은 방을 사용한다. 친구에게 제작 조수 역할을 부탁하자. 조수는 길을 건너는 장면을 찍을 때 음악을 트는 것부터 2분간 사람들의 통행을 막는 것까지 모든 일을 도와주게 된다.

움직이는 이미지

춤은 그야말로 흥미로운, 움직이는 이미지라 할 수 있다. 그러니 영화와 어울릴 수밖에! 이 춤들은 영화 촬영의 마법을 통해 더욱 힘을 얻게 되었다.

시크릿 서비스 Secret Service
안무: 러버밴드댄스Rubberbandance 그룹의 빅터 퀴자다 Victor Quijada

프로코피예프의 발레곡 '로미오와 줄리엣'이 정말 매혹적으로 들린다. 이 작품은 브레이크 댄스와 절도 범죄 영화의 만남이다. 스토리와 댄스는 추가된 드라마에 맞춰 편집되었다.

민트 로열 Mint Royale
싱잉 인 더 레인 리믹스Singing In The Rain Remix

컴퓨터 애니메이션 덕분에 이 솔로 댄스는 쓰레기들과 함께 추는 그룹 댄스로 바뀌었다. 춤추는 쓰레기 더미가 이렇게 굉장한 동작을 할 거라 누가 생각했겠는가?

디센트Descent
안무: 노에미 라프랑스Noemie Lafrance

위에서 내려다본 카메라 앵글이 계단의 재미있는 형태와 댄서들이 만들어 내는 패턴을 독특하게 포착해 냈다.

촬영과 편집을 다 끝내고 여럿이 공유하는 것보다 기쁜 일이 있을까? 영상 시사회를 열어 보자. 가족과 친구들을 초대해서 여러분의 따끈따끈한 영상을 보며 파티를 즐기는 거다.

인터넷은 온갖 놀라운 방법으로 사람들을
이어 주지만, 실제로 얼굴을 마주 보게
할 수는 없다. 블로그 소통이 아무리
재미있어도, 마지막 결실은 멋진 작업을
하는 다른 아티스트들과 현실에서
만날 때 이루어진다. 새로운 친구들과
직접 만나면 여러분의 경험이 그만큼
풍부해진다.

관계 만들기

발 벗고 나서 보자

아티스트로서 여러분이 꿈꾸는 일자리가 신문 구인 광고에
실리지는 않을 것이다. 멋진 일거리를 얻으려면 여러분의 춤
이 훌륭하다는 평판을 쌓아야 한다. 공연을 많이 보고 페스티
벌에서 자원봉사를 해 보자. 다른 아티
스트들의 작업이나 작품을 좋아한다
면, 부끄러워하지 말고 그들에게 알
리자. 여러분의 동작은 다른 사
람들의 춤을 보면서 향상될 것이
고, 언젠가 이런 전화를 받는 날도
올 것이다. "좋아요, 당신 밴드의 뮤
직비디오 안무를 맡고 싶군요."

홍보 자료집을 보내자

일류 무대를 꿰차려는 댄스 스타든, 지역 축제에서 공연하고 싶어 하는 초보자든, 출연 기회를 달라고 요청하기는 항상 두렵다. 프로 댄서들은 공연 기획자나 배급자에게 홍보 자료집을 보낸다. 이 자료집에는 뉴스 기사 클리핑, 사진, 비디오 링크 등 자기 그룹에 관한 정보가 담겨 있다. 여러분도 용기 내서 자료집을 만들어 보내 보자. 이럴 때 어른들이 늘 하는 말이 있다. "시도해 봐서 손해 볼 건 없어."

에이전트는 신중하게 고르자

드디어 상업적인 에이전트가 접근해 오는 날이 있을 것이다. 에이전트는 텔레비전이나 영화에서 춤에 관한 일거리를 찾아 주고, 여러분이 번 돈의 일부를 자기 보수로 받아 가는 사람이다. 귀가 솔깃하겠지만 정신 바짝 차리자. 사기꾼이 많으니 조심해야 한다. 그들이 여러분에게 일자리를 보장한다거나, 일을 시작하려면 돈을 내고 수업을 들으라거나, 사진 등을 구입하라고 하면 멀리해야 한다. 언젠가 여러분은 오디션에 발탁되어 빛을 발할 것이다. 만일 영화나 텔레비전에 출연할 생각이라면, 에이전트를 선택하기 전에 충분히 조사해 봐야 한다.

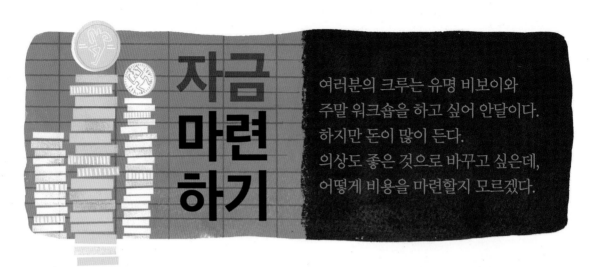

자금 마련 하기

여러분의 크루는 유명 비보이와 주말 워크숍을 하고 싶어 안달이다. 하지만 돈이 많이 든다. 의상도 좋은 것으로 바꾸고 싶은데, 어떻게 비용을 마련할지 모르겠다.

다음 공연에 쓸 돈을 얼마간 모아 놓으면 당연히 도움이 된다. 그러나 현명한 아티스트는 예산에 상관없이 자신의 스타일을 유지할 줄도 알고, 돈이 필요할 때 모금하는 법도 안다.

목적 있는 파티

해마다 죽여주는 댄스파티를 열고 있다면, 그걸 기금 마련 파티로 바꿔 보자. 입장료를 받으면 의상 구입비 정도는 금방 모일 것이다. 더 많은 자금을 마련하기 위해 추첨도 하고 다과도 팔고 기증 물품으로 경매도 할 수 있다. 창의력을 발휘하면 파격적인 모금 행사가 가능하므로, 마음껏 상상력을 펼쳐 보자. 기발한 아이디어로는 이런 것이 있다.

댄스 편지

노래 편지처럼, 할로윈 때 스릴러 댄스 미니 퍼포먼스를 판매해서 사람들을 깜짝 놀라게 하는 건 어떨까?

댄스 마라톤

이건 오래된 방법인데, 그룹을 모아 24시간 내리 춤을 추고 돈을 모금하는 것이다. 모두가 돌아가며 쉴 수 있도록 순서를 잘 정해야 한다.

재능 판매

자기 재능을 경매에 부친 안무가도 있다. 가장 높은 가격을 제시한 사람에게 받은 영감을 춤으로 만든 것이다. 경매에 낙찰된 사람이 즐거웠기를!

신기록에 도전

세계에서 가장 긴 줄을 지어 춤을 춤으로써 기네스북에 들어가는 것이다. 포부가 엄청나지만, 사람들은 후원을 약속하며 자금을 보태 줄 것이다.

협력 업체 찾기

프로그램과 포스터를 인쇄할 생각인가? 그렇다면 돈이 들어갈 거다. 공연 프로그램에 인쇄소 광고를 싣는 대신 공짜로 인쇄해 달라고 부탁하면 어떨까? 이렇게 서로 유용한 거래를 '스폰서십'이라고

한다. 그러니 적절한 협력 업체를 찾아내면, 누이 좋고 매부 좋은 것이다.

상금이나 보조금 신청

젊은 아티스트를 후원하는 기관이나 재단을 찾아보자. 상금을 탈 수도 있고 수업 수강, 춤 기획, 공연에 쓸 수 있는 보조금을 받을 수도 있다. 신청서에 그 돈을 어떻게 쓸지 자세히 써야 한다. 무엇보다도 상을 받는 건 기분 좋은 일이고, 상금도 큰 도움이 된다.

능숙한 매니저

그룹을 운영할 때가 오면, 여러분은
책임이 무거워진다. 스케줄을 정하고,
할 일의 리스트를 나눠 주고, 멤버들을
모두 제때에 모이게 해야 한다.
친구들은 여러분에게 온갖 일을 맘대로
한다고 얘기할지 몰라도, 여러분은
아트 매니저가 되는 거다!

무대 뒤에는 각종 페스티벌을 관리하고, 아티스트
들의 공연을 열고, 쇼에 관한 소문을 내는 일에 종
사하는 사람들이 있다. 그들의 역할은 정말 중요
하다. 멋진 춤이 새로운 관객들과 이어지도록 돕기
때문이다. 그들이 하는 일은 다음과 같다.

컴퍼니 매니저(모든 일 담당)

이 일에는 조직하고 준비하는 기술이 필요
하다. 매니저는 아티스트의 꿈을 현실로, 그
리고 관리할 수 있는 일로 하나씩 바꾸는 사
람이다. 그들은 리허설과 공연 스케줄을 정
하고 조정하는 일부터 다가올 행사를 홍보
하고 기금을 모으는 일까지 모든 일을 처리
한다.

프리젠터(기획 담당)

큐레이터로도 알려진 이들은 극장이나 축제
를 관리하고, 시간을 들여 많은 공연을 보고,
출연시킬 그룹을 찾아다닌다. 그들은 자신

이 기획한 공연을 보러 올 고정 팬을 구축하기 위해 열심히 일한다. 무엇보다 관객에게 최고의 댄스를 보여 주고 싶어 한다.

퍼블리시스트(홍보 담당)
새로운 화제를 만들기 좋아하는 사람들이다. 그들은 다가올 여러분의 공연을 언론에 전하고, 홍보물을 뿌리고, 중요한 사람들을 초대하면서 입소문을 낸다.

아카이비스트(자료 담당)
춤 공연에 대한 자료를 수집하고 기록을 남기는 사람이다. 프로그램, 포스터, 비디오, 리허설 기록, 보도 자료, 댄서들의 인터뷰 등을 모으고 정리한다. 이들의 작업은 미래의 세대가 되돌아보도록 박물관을 만드는 일과 같다.

공연 기획자의 보람
관객이 꽉 들어찬 극장에서 공연의 막이 오를 때 프리젠터는 댄서 못지않게 흥분의 순간을 맞이한다.

❝학교 다닐 때 나는 콘서트를 조직하거나 우리 춤이 더 좋아지도록 밴드를 예약하는 일 같은 걸 좋아했어요. 지금 내 직업이 바로 그거예요. 공연을 세상에 처음 선보이는 건 신나는 일이에요. 그리고 나는 훌륭한 댄서들을 발굴해서 새로운 관객 앞에 데려가는 일을 좋아합니다.❞

— 미미 벡
댄스웍스의 프리젠터

춤을
통해 보는
세상

나는 사람들이 춤을 더 많이 춰야 한다고 생각한
다. 춤은 몸에 좋을뿐더러 상상력에는 더더욱 이롭
다. 나에게 춤은 착하면서 똑똑한 친구 같다. 그 친
구는 하루하루를 더 재미있게 만들어 주고, 세상을
다른 방식으로 보게 한다.

시간이 흐르면서 나는 춤을 통해 세상을 보기 시작
했다. 그러면서 일상적인 것조차 더욱 흥미로워졌
다. 나는 교통이 혼잡할 때 군중 사이에서 안무를
발견했다. 지루한 강의 시간에는 내 수업을 마술처
럼 바꾸어 놓을 굉장한 춤을 꿈꾸었다.

춤은 심지어 한 번도 생각해 보지 않은 것에도 호
기심을 불러일으켰다. 이를테면 몸이 움직이는 원
리 속에 숨은 과학 같은 것 말이다. 경이로운 음악
에 맞춰 춤을 출 때는 그 음악을 만든 나라의 역
사를 공부하고 싶어졌다.

다음에는 춤이 어디로 데려갈지, 나는 전혀 알
지 못한다. 그 알 수 없음이 마음에 든다. 그래,
맞다. 왜 인생을 심심하게 걸어가는가? 춤추
면서 갈 수도 있는데.

나의 춤 찾아가기
스스로 만들어 갈 동작들

여러분 내면의 댄서가 하는 말에 귀기울여 보자. 여러분 춤의 '목소리'를 어떻게 찾을까? 새로운 스타일을 배우는 건 춤을 시작하기에 아주 좋은 방법이다. 여러 종류의 동작은 마음을 열어 주고 독특한 춤의 목소리를 발견하도록 도와줄 것이다. 그런데 어디서 이런 동작을 찾을까?

세계 지도에서 어디를 가리키든, 춤을 하나씩 발견할 것이다. 춤은 저마다 독특한 움직임의 방식이 있다. 느리면서 우아하든, 빠르면서 절도 있든, 가히 '춤추는 지구'라 할 수 있다. 일일이 다루기엔 춤의 스타일이 너무 많으므로 여기서는 몇 가지만 소개한다. 아마 여러분이 대부분 들어 봤을 만큼 대중적인 춤이다.

이 가이드는 각 춤의 성격에 대해 알려 주고, 여러분이 자기 댄스의 길을 가도록 도와줄 것이다. 즐거운 여행이 되길!

· 아프리카 춤   · 브레이크 댄스
· 발레   · 브로드웨이
· 볼룸 댄스와 살사 댄스   · 컨템퍼러리
· 벨리 댄스   · 플라멩코
· 발리우드 댄스

아프리카 춤
움직이는 리듬

지리적으로 볼 때 '아프리카' 춤이라는 말은 사실 문제가 좀 있다. 아프리카는 엄청 크다. 2,000개가 넘는 언어와 문화가 있다(춤도 그만큼 많다). 아프리카 춤은 보통 서아프리카 지역의 춤을 말하지만, 아프리카 춤을 가르치는 사람들은 모두 전문 분야가 있다. (분야를 물어보고 나서 배우자!)

정확한 스타일이 무엇이든, 전통적인 아프리카 춤은 단것을 많이 먹었을 때보다도 높은 에너지의, 격렬한 쾌감을 준다. 라이브 드럼 비트에 맞춰 춤을 추면 웃음과 함께 땀도 한 바가지 흘릴 것이다. 바로 그게 어떤 수업에서든 중요하다.

리듬 샌드위치

'젬베'라는 드럼은 심장 박동 같다. 거기서 모든 움직임이 탄생한다. 그런데 많은 심장 박동이 한꺼번에 일어나듯 여러 리듬이 동시에 연주될 때도 있다. 댄서로서 여러분은, 신체의 여러 부분을 통해 각각의 리듬을 해석한다. 팔은 원 비트에 맞추면서 다리는 다른 리듬에 맞춰 춤을 춘다. 정말 집중해야 한다.

이렇게 해 보자 : 볼을 기다리는 테니스 선수처럼, 무릎을 굽히고 살짝 앞으로 기울여서 몸무게가 발꿈치가 아닌 발가락에 실리게 한다. 이런 자세를 취하면 빠른 리듬이 나와도 절대 박자를 놓치지 않는다.

잠깐! : 전통적인 스텝은 그물을 던지거나 밀을 빻는 동작 같은 일상의 제스처에서 나왔다. 이런 춤은 이야기를 전하거나 삶을 찬미하기 위한 것이었다. 여러분은 자기 나름의 동작으로 춤추면 된다. 그래야 스타일이 항상 성장하고 변화할 수 있다.

잠깐! : 물병을 잊지 말자. 목이 말라서 물을 간절히 찾게 될 것이다. 아프리카 춤에 발맞추려면 수분이 충분히 공급되어야 한다.

발레
강철 같은 백조들

발레는 포즈와 우아함의 춤이다. 때로는 약간 틀에 박혀 있고 경직되었다는 평을 듣기도 한다. 그렇지만 〈호두까기 인형〉 속 사탕 요정의 전형적인 모습만 보지 말고 그 너머를 보자. 모든 발레리나 뒤에는 프로 운동선수의 힘이 있다. 동작이 자연스럽고 가뿐하게 보이려면 예술적 기교와 함께 힘이 어우러져야 한다. 발레리나가 무대의 바닥에 떠 있는 것처럼 보이지 않는가? 그런 환상 뒤에는 어마어마한 근육의 힘이 있다.

힘찬 발

발레 댄서의 몸에서 가장 강한 부분이 발이다. 발레리나가 발가락으로 그토록 오래 서 있을 수 있는 이유다. 괜히 집에서 시도해 보지는 말자. '발끝으로 서는' 데 필요한 근육의 힘을 기르려면 오랜 시간이 걸리기 때문이다. 근육의 힘이 생겼을 때라도 특별히 맞춘 토슈즈의 도움이 필요하다. 토슈즈의 재료가 나무일 거라 생각하는 사람들도 있지만, 토슈즈는 '파피에 마셰papier mâché'라는 종이 반죽 같은 걸 모아서, 두꺼운 재료와 접착제를 여러 층 겹쳐 만든다. 토슈즈는 신을수록 부드러워진다. 공연마다 토슈즈 한 켤레씩 신고 버리는 프로 댄서들도 있다.

이렇게 해 보자 : '발을 들어 올리는 법'을 배우자. 한 발은 바닥에 붙이고, 다른 한 발은 발볼과 발가락을 바닥에 붙인 채 발꿈치를 최대한 높이 들어 올린다('드미 푸엥트demi pointe'라는 동작). 계속 올리면서 천천히 발가락을 바닥에서 떼서 발가락 끝이 바닥을 향하게 한다('풀 푸엥트full pointe'). 그 과정을 다시 거꾸로 한다.

잠깐! : 발레는 정지한 듯 보이는 포즈가 많다. 여러분이 커다란 비눗방울 속에 들어가서 발과 다리, 팔, 머리, 심지어 눈으로도 끊임없이 그 가장자리에 닿으려 한다고 상상해 보자. 그러면 포즈가 살아날 것이다.

잠깐! : 한 스텝에서 다음 스텝으로 연결하는 지점에 집중해 보자. 부드러운 캐러멜처럼 섞어서 이음매 없이 우아한 모습을 만들자.

볼룸 댄스와 살사 댄스
뺨을 맞대고, 머리를 맞대고

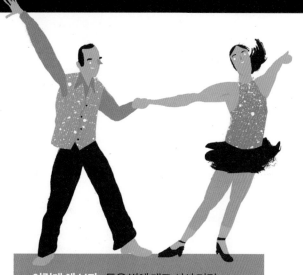

볼룸 댄스는 역사가 길지만 여전히 성장하고 있다. 이제는 할머니들이 즐기는 사교댄스가 아니다. 시간이 흐르면서 볼룸 댄스는 국제 경연으로까지 발전했다. 볼룸 댄스는 '댄스 스포츠'라는 경기 종목이 되었고, 규칙, 규정, 심판이 완벽히 갖춰져 있다. 댄스 스포츠를 하계 올림픽 정식 종목으로 만들자는 노력도 계속되고 있다.

자세는 이렇게

볼룸 댄스는 여러 가지 춤으로 이루어져 있고, 각각 자체적인 음악과 스텝이 있다. 크게는 '스탠더드' 댄스(신데렐라의 무도회를 생각하면 되겠다)와 발동작이 빠르고 엉덩이의 움직임이 큰 '라틴' 스타일로 나뉜다.

이 스타일들이 요구하는 적절한 자세와 틀은 모두 같다. 파트너와 닿아 있는 동안 여러분의 상체와 팔은 크고 넓은 형태를 이뤄야 한다. 자세는 댄스를 위한 일종의 골격 같은 것이다. 자세가 스파게티처럼 흐물거리면 파트너를 제대로 이끌거나 따를 수가 없다.

이렇게 해 보자 : 등을 벽에 대고 서서 머리 뒤쪽이 닿는지 확인한다. 이제 벽에서 떨어져서 그 등 자세를 계속 유지한다. 위엄이 느껴지는가? 좋다. 그것이 여러분이 춤추면서 유지할 꼿꼿한 자세를 만드는 방법이다.

마음 내키는 대로

라틴 댄스의 사촌뻘이라고 할 수 있는 살사 댄스를 살펴보자. 살사도 라틴 댄스처럼 발이 빠르고 엉덩이를 흔들어 대지만, 댄스 스포츠 규칙을 따르기보다는 파티에 활기를 북돋는 쪽이다. 그래서 살사 댄서들은 개성을 드러내기 위해 그 자리에서 내키는 대로 동작을 만들어 춤 속에 끼워 넣는다.

이렇게 해 보자 : 여기, 댄스의 뼈대가 될 기본 스텝이 있다. 세 개의 동작뿐이니 시도해 보자. 앞으로 가고, 뒤로 가고, 발을 모으는 것이다. 다른 쪽 발로는 뒤로 가기를 먼저 해 보자. 뒤로 가고, 앞으로 가고, 모으기. 리듬을 타면서 반복하자. "오른쪽-왼쪽-오른쪽-멈추고." "왼쪽-오른쪽-왼쪽-멈추고."

벨리 댄스
댄스 세계의 아웃사이더

벨리 댄스는 서아시아 일대의 전통춤을 대중적으로 일컫는 말이다. 배나 허리를 비틀거나 재빨리 흔들며 추는 춤 동작 때문에 영어로 배를 뜻하는 '벨리'라는 이름이 붙었다. 이 춤은 수천 년 동안 있어 왔고, 오래된 만큼 그 기원은 분명하게 밝혀지지 않았다. 지중해, 서아시아, 이집트에 뿌리를 둔 벨리 댄스는 요즘은 세계 어디에서나 인기가 있다. 영화에서도 볼 수 있고 샤키라, 브리트니 스피어스, 비욘세 같은 세계적인 스타들의 뮤직비디오 속에 등장하기도 한다.

따로 또 같이

벨리 댄스에서는 한 손으로 배를 문지르면서 동시에 다른 손으로는 머리를 쓰다듬는다. 복잡하다! 왜냐하면 각 신체 부분이 저마다 자기 동작을 하기 때문이다. 따로따로, 그러면서 같이 움직인다는 건데, 그 말은 배나 엉덩이가 어떤 동작을 하는 동안 어깨는 다른 동작을 하고 있을 거라는 뜻이다. 춤에 대한 분할 정복 같은 것으로, 몸만큼이나 머릿속도 복잡해진다.

전문가의 조언 : "벨리 댄스의 신비는, 신체의 한 부분을 다른 신체 부분을 움직이기 위해 사용하는 데 있습니다. 예를 들어, 엉덩이 동작을 하기 위해 다리를 움직이고, 가슴을 움직이기 위해 배를 움직이는 것입니다. 동작 하나를 하는 데 필요한 노력의 최소한만 사용하는 것이 비결입니다. 모든 근육이 계속 움직이는 발레나 재즈와는 정반대죠."

— 야스미나 람지
아라베스크 댄스 컴퍼니

이렇게 해 보자 : 벨리 댄스의 유명한 엉덩이 동작은 사실 다리가 만드는 것이다. 무릎을 살짝 느슨하게 두고 한 발로 바닥을 밀어 보자. 엉덩이가 자연스럽게 조금 올라갈 때까지 다리를 펴면서 민다. 그런 다음 바꿔서 다른 쪽으로 해 보자. 이제 여기에 팔 동작을 더한다. 한쪽 엉덩이가 올라갈 때 그쪽 손을 머리 옆으로 올려서 여러분의 얼굴을 강조하면 된다.

이렇게 해 보자 : 무릎을 앞뒤로 흔들거려 본다. 빠르고 얕게, 굽혔다 펴는 동작을 번갈아 하는 것처럼 말이다. 손바닥이 아래로 향하게 하고 팔을 옆으로 내민다. 그리고 배와 엉덩이가 자연스럽게 앞뒤로 움직이도록 주위의 근육을 편안하게 풀어 준다.

발리우드 댄스
동양과 서양의 만남

발리우드는 인도 영화 산업의 별명이다. 할리우드와 달리 인도에서는 가장 인기 있는 영화 장르가 뮤지컬이다. 영화 프로듀서들은 춤과 노래를 대형으로, 멋지게 만들기 위해 경쟁한다. 그 노력은 보상받고 있다. 전 세계가 과장되고 낙천적인 발리우드 스타일에서 눈을 떼지 못한다. 또한 참여하고 싶어 하는 사람들 때문에 발리우드 댄스 클래스가 곳곳에 생기고 있다.

움직이는 드라마

발리우드 댄스는 드라마라 할 수 있다. 발리우드 댄스에서 많은 동작과 손 제스처는 "이리 와."라거나 "부끄러운 줄 알아야지." 같은 말의 상징적 표현이다. 그래서 춤은 정말 캐릭터들 간의 대화를 보여 주고, 영화의 스토리 전달을 돕는다.

전문가의 조언 : "발리우드는 많은 스타일의 퓨전입니다. 인도의 고전적 춤 형식에 관한 탄탄한 배경 지식이 있다면 손동작과 몸의 포지션을 이해할 수 있어 도움이 될 겁니다. 하지만 다른 여러 스타일을 공부해서 섞는 것도 중요합니다."

— 로파 사르카르
발리우드 안무가 겸 강사, 디바인 헤리티지 아티스트리

이렇게 해 보자 : 이 고전적인 동작은 뱅글 즉, 발리우드 댄서들이 착용하는 팔찌를 뽐내기 위한 것이다. 두 손을 얼굴 양 옆으로 들어 올리고 주먹을 쥐어 보자. 팔목을 앞뒤로 꼬면서 눈으로 오른손을 보고 또 왼손을 보자. 이것이 "내 뱅글 아름답지 않아?"라고 말하는 방법이다.

아이디어 교환

뮤직비디오처럼 발리우드 영화에는 수많은 대중문화 스타일이 혼합되어 있다. 발리우드 영화는 인도 고전 춤과 민속춤의 영향을 분명히 받았지만, 멋있게 보이는 데 도움이 된다면 재즈와 벨리 댄스 같은 다른 스타일에서도 기꺼이 영감을 얻는다. 재미있는 건 양방향 공유라는 점이다. 미국의 걸 그룹 푸시캣 돌스Pussycat Dolls의 '제이 호Jai Ho'에서처럼 서양 뮤직비디오 안무가들도 발리우드의 춤 동작을 빌려 쓴다. 엔터테인먼트의 이름으로!

이렇게 해 보자 : 어깨 으쓱하기는 발리우드 댄스의 쉬운 동작 중 하나다. 손바닥을 위로 하고 팔꿈치를 편안하게 두고 팔을 옆으로 뻗으면 된다. 어깨를 으쓱하고 박자에 맞춰 올렸다 내렸다 해 보자. 그러면서 미소를 지으면 된다.

브레이크 댄스
최신 댄스의 선도 주자

브레이크 댄스로 널리 알려졌지만 현장의 댄서들은 '비보잉(또는 비걸링)'이라는 오리지널 명칭을 더 좋아한다. 지금 엄청난 인기를 누리고 있는 비보잉은 비트를 만들어 내는 디제잉deejaying, 가사를 만들고 랩을 하는 엠씽emceeing, 낙서 예술인 그래피티와 함께 뉴욕 힙합 운동의 일환으로 시작되었다. 브레이크 댄스는 비보이들이 자신들의 문제를 해결하기 위해 폭력 대신 춤을 사용하면서 공격적인 스타일을 갖게 됐다.

자기 주도적으로

비보이 스타일에는 허세를 부리며 과시하고, 뭐든 쉬워 보이게 만드는 면이 있다. 거기에는 엄청난 기술이 요구된다. 수업 하나로 배울 수는 없다. 일단 기본을 완전히 익히고 나면, 자기만의 스타일과 동작을 제시하는 게 비보잉에서 큰 비중을 차지한다. 그 기본을 하나하나 뜯어보자.

톱록Toprock: 어떤 동작에 들어가려고 서 있는 스텝. 박자를 찾고 자신의 스타일을 보여 주는 기회다.
풋워크Footwork · **다운록**Downrock: 바닥에서 양손으로 몸을 지탱하며 발로 보여 주는 동작과 패턴.
트릭Tricks · **프리즈**Freezes: 힘과 균형이 필요한 포즈. 이전까지의 동작을 마무리하며 잠시 '얼어붙은 듯' 정지하는 동작.

파워무브Powermoves: 말 그대로 크고 대담한 스핀 동작. 물구나무서서 머리로 회전하는 헤드스핀, 등을 바닥에 대고 회전하는 백스핀 등.

이렇게 해 보자 : 이런 풋워크로 시작한 다음 여러분이 원하는 팔 동작, 머리 동작을 같이 해 본다. 먼저 한 발을 내민다(앞으로든, 옆으로든, 뒤로든 방향은 마음대로). 그러면서 두 팔을 옆으로 벌린다. 그다음 그 발을 뒤로 넣으면서 두 팔은 가슴을 가로질러 엇갈리게 한다. 다른 발로 바꾸고 그런 식으로 계속한다. 스텝에 약간 바운스를 더하고 어떻게 되는지 보자.

전문가의 조언 : "춤을 출 때 나는 음악을 크게 틀고 그 분위기를 바탕으로 프리스타일을 시작합니다. 그 곡의 악기들, 가사, 종합적인 메시지, 혹은 그 곡에서 받은 단순한 느낌에서 영감을 찾죠."

— 루서 브라운
캐나다 댄스 오디션의 안무가

브로드웨이
드라마의 여왕

미국의 텔레비전 뮤지컬 드라마 '글리Glee'에 나오는 스타들의 노래와 댄스는 브로드웨이 스타일을 현대적으로 재해석한 것이다. 브로드웨이 스타일은 커다란 동작과 쩌렁쩌렁한 목소리, 화려한 볼거리가 특징이다. 뉴욕 극장가의 이름이기도 한 브로드웨이는 거의 백 년간 세계 무대의 중심이 되어 왔다. 그리고 거기서 미국적인 댄스 스타일 두 가지, 즉 재즈 댄스와 탭 댄스가 탄생했다.

재즈는 내 인생

손을 쫙 펴는 '재즈 핸드'라는 동작이 있다. 관객을 향해 벌린 손가락이 그리 멋져 보이지 않을 수도 있지만, 재즈의 모습은 그게 다가 아니다. 사실 재즈 댄서들은 음악 무대 프로덕션에 따라 자기 스타일을 변화시킨다. 브레이크 댄스를 조금 더하거나 아크로바틱을 더할 수도 있다. 재즈 댄서들은 적응력이 뛰어나고 무엇이든 할 준비가 되어 있다.

이렇게 해 보자 : 떠들썩한 성격이거나 새로운 시도를 좋아하는 사람이라면 재즈를 사랑할 것이다. 재즈는 대담하게 '모 아니면 도.'라는 신조를 표방한다. 여러분은 공연의 스토리를 전달하기 위해 얼굴과 눈을 사용하고, 항상 '공간 전체에 춤이 닿게' 해야 한다. (뒷줄에 있는 사람도 볼 수 있도록 모든 동작을 과장한다는 뜻이다.)

전문가의 조언 : "탁월한 탭 댄서가 되려면 스피드보다는 소리의 명료성을 잘 살리는 게 중요합니다. 그건 얼마나 빨리 춤출 수 있느냐가 아니라 여러분의 발로 만드는 음악에 관한 문제입니다."

— 제시카 웨스터만
프로 탭 댄서이자 강사

이렇게 해 보자 : 소리가 나는 신발을 신고, 두드리기 적당한 바닥을 찾아보자. 한 발로 서는 것부터 시작한다(벽에 기대도 좋다). 발볼(토탭이 자리할 부분)로 미끄러지듯 바닥을 가로지르면서 다른 쪽 발을 쓸듯이 앞뒤로 움직인다. 탭, 탭! 속도가 나도록 연습해 보자.

소리를 내 보자

탭 댄서들은 리듬에 사로잡혀 있다. 탭 댄서들에게, 모든 스텝의 모습은 바닥과 닿으면서 만들어지는 소리에서 비롯된다. 때로는 예전 할리우드 영화에서 보듯 우아하지만, '스톰프STOMP' 같은 영국의 유명한 뮤지컬 공연에서 보듯 캐주얼한 면도 있다. 춤 동작이 공기처럼 가볍든 무겁게 가라앉든, 탭 댄서들은 발이 놀랍도록 정확하며 음악성이 풍부하다.

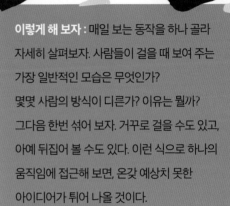

컨템퍼러리
새로운 게 대체 뭔데?

컨템퍼러리 댄서들은 왜 굳이 선과 선 사이에 색을 칠해야 하는지 궁금해하는 아이들과 비슷하다. 그들은 캔버스를 비워 두는 쪽이다. 그리고 아무도 해 본 적 없는 새로운 움직임을 제시한다. 새로운 사고를 하기 때문에 항상 다르게 보인다. 그 모든 걸 묶어 주는 건 어떤 종류의 스텝이 아니라, 어떻게 춤을 만들 것인가에 관한 아이디어 혹은 정신이다. 정말 철학적이다!

가정에 도전한다

이들은 모든 것에 질문한다. 왜 음악에 맞춰 춤을 춰야 하는가? '추한' 동작이라는 것도 그 자체로는 아름답지 않은가? 컨템퍼러리 댄스는 춤에 대한 사람들의 오랜 신념을 자유자재로 갖고 논다. 예술적인 탐험가들처럼 컨템퍼러리 댄서들은 때로는 춤에서 놀랍고 새로운 뭔가를 발견해 낸다.

이렇게 해 보자 : 매일 보는 동작을 하나 골라 자세히 살펴보자. 사람들이 걸을 때 보여 주는 가장 일반적인 모습은 무엇인가? 몇몇 사람의 방식이 다른가? 이유는 뭘까? 그다음 한번 섞어 보자. 거꾸로 걸을 수도 있고, 아예 뒤집어 볼 수도 있다. 이런 식으로 하나의 움직임에 접근해 보면, 온갖 예상치 못한 아이디어가 튀어 나올 것이다.

반항적인 과거

컨템퍼러리 댄서들은 권위에 도전했던 사람들의 오랜 역사를 이어 가고 있다. 1950년대 이전, 현대 무용이 나타났다. 한 무리의 댄서들이 발레의 엄격한 규칙을 깨기로 결심한 것이다. 이들 중 몇 명은 아주 유명해졌다. 미국의 무용가 마사 그레이엄이 대표적이다. 발레의 규칙을 깼던 그녀는 아이러니하게도 춤에 관한 자기만의 규칙을 만들어 냈고, 전 세계 사람들이 그 규칙을 연구하고 있다.

잠깐! 여러 컨템퍼러리 댄스 선생님에게 수업을 받고 자신감을 쌓자. 선생님들은 모두 여러분에게 보여 줄 자기만의 스타일이 있을 것이다. 그건 여러분이 새로운 동작을 빠르게 포착하는 능력을 기르는 데 도움이 된다.

잠깐! 컨템퍼러리 댄서들은 신발을 신지 않는다. 그러니 발에 충격이 많이 갈 수 있다. 갑작스러운 상처에 대비해서 가방에 항상 붕대와 반창고 등을 가지고 다니자.

플라멩코
음악적인 대화

플라멩코에는 엄격한 통제와 과격한 자유분방함이 섞여 있다. 플라멩코 댄서를 떠올려 보자. 댄서는 등을 꼿꼿하게 세우고 머리를 치켜든 채 완벽한 포즈를 취하고서 팔다리를 격렬하게 쭉쭉 뻗을 태세를 갖추고 있다.

어떻게 그렇게 할까? 플라멩코는 댄서와 뮤지션 사이의 긴밀한 관계에서 가능하다. 그들은 열정과 자부심이 넘치는 공연을 만들기 위해 함께 작업한다. 그들은 말 대신 음악과 움직임이라는 신호로 소통한다. 그렇게 소통하고 서로를 자양분으로 삼으며 댄스를 이끌어 가기 때문에 항상 독특한 춤이 만들어지는 것이다.

음악 만들기

플라멩코 댄서는 음악과 아주 긴밀해서 발 구르기, 손뼉 치기, 딱딱 소리 나는 캐스터네츠 사용을 통해 음악 만드는 걸 돕기까지 한다. 어떤 사람들은 플라멩코를 '타악기적인' 춤이라고 말한다. 밴드의 드러머처럼, 댄서들이 만드는 리듬이 음악에 복잡성을 더하기 때문이다.

이렇게 해 보자 : 플라멩코 댄서는 손뼉 치는 방법을 달리함으로써 독특한 사운드 효과를 낸다. '팔마스 소르다palmas sorda'라는 부드러운 손뼉은 손을 살짝 컵 모양으로 만들어서 약한 소리를 낸다. 분명하고 강한 손뼉은 '팔마스 클라로palmas claro'라고 하는데, 한쪽 손의 세 손가락을 다른 쪽 손바닥 중앙에 친다.

전문가의 조언 : "플라멩코는 영혼의 춤입니다. 여러분이 누구인지를 표현하는 것이죠. 여러분의 개성이 동작 안에 들어오게 하세요. 그리고 자신을 발견하는 즐거움을 누리세요."

—에스메랄다 엔리크
에스메랄다 엔리크 스패니시 댄스 컴퍼니

책을 마치며

이 책에 기여한 모든 아티스트에게 감사의 뜻을 전한다. 트레 암스트롱, 페기 베이커, 노바 바타차르야, 루서 브라운, 숀 치스만, 에스메랄다 엔리크, 마조리 필딩, 장–마르크 제네로, 노에미 라프랑스, 모제 모사넨, 헤더 오그든, 미건 오시아, 비보이 루카 '레이지레그즈' 파투엘리, 타라–진 포포위치, 야스미나 람지, 비보이 드롭스(존 레이드), 로파 사르카르, 아룬 스리니바산, 발레리 스태노이스, 제시카 웨스터만에게 고마움을 전하고 싶다. 댄스 사진에 대해 조언해 준 킬라 폰 티데만, 그리고 훌륭한 무용수인 미미 벡, 로슬린 제이콥 에드워드와 댄스웍스 팀, 캐나다 무용협회의 아비바 플리싱과 연결해 준《댄스 커런트》의 메건 앤드루스와 수전 켄달에게 특별히 감사를 드린다. 끝으로 무한한 열정과 사려 깊은 편집을 보여 준 존 크로싱햄, 아름다운 그림을 그려 준 제프 쿨락, 그리고 지금도 여전히 통찰력과 격려를 더해 주는 베스 레더데일에게 깊은 감사를 표한다.